基金经理赠言（按姓氏拼音字母排列）

曹春林
创金合信权益基金经理

> 好股票要满足行业景气度高、业绩增长快这两个标准，抓住长期趋势进行投资是一个不错的选择。

陈建军
创金合信权益基金经理

> 在投资的过程中，我们需要坚守能力圈，忽略短期"噪声"，以长期视角从产业趋势理解公司成长。

董梁
创金合信量化基金经理

> 就量化投资而言，投资由模型驱动，我们要做的是排除情绪干扰，力争长期稳健收益。

冯瑞玲
创金合信资产配置基金经理

> 在资产配置上，建议将战略资产配置与战术资产配置相结合，进行体系化投资。

龚超
创金合信权益基金经理

投资需要在趋势与价值之间保持一个平衡,核心在于对价值的判断以及对趋势的把握。

何媛
创金合信资产配置基金经理

投资是一个长期的过程,短期追求高回报是理想,长期追求稳定回报才是可能达到的现实。

胡尧盛
创金合信权益基金经理

投资是一门艺术,要经得起诱惑,耐得住寂寞。

黄弢
创金合信权益基金经理

在投资的过程中,我们需要对市场始终保持敬畏之心,注重估值和盈利的匹配度,不断扩大自身核心能力圈,有所为有所不为。

李添峰
创金合信量化基金经理

| 我们首先要保证每一次投资的风险可控，控制行业与风格敞口，在此基础上再力争获取更多超额收益。

李龑
创金合信权益基金经理

| 一个简单的投资理念是以合理的价格，买入优秀的公司，赚公司成长的钱。

李游
创金合信权益基金经理

| 投资一定要坚守能力圈。投资能力圈要求对行业、公司的认知比其他人更深，角度更广。

皮劲松
创金合信权益基金经理

| 在个股选择上，我们会综合考虑短期业绩确定性、公司基本面和估值等因素，始终关注产业趋势向上的公司。

孙悦
创金合信量化基金经理

> 量化投资需要我们主动拥抱大数据和人工智能的时代，持续利用新的技术与算法改进投资模型，追求长期稳健的超额收益。

王妍
创金合信权益基金经理

> 权益市场的表现和时代背景高度相关，投资的逻辑之一就是坚定看好中国经济，积极拥抱权益大时代。

王一兵
创金合信固收基金经理

> 在固收领域，我们往往着眼于中长期进行投资和研究，做坚定的价值投资者。

尹海影
创金合信资产配置基金经理

> 建议投资者根据自己的风险水平，在匹配的风险档位中选择业绩长期稳定，且风险收益特征满足自身需要的产品。

周志敏
创金合信权益基金经理

> 科技行业的特点是求新求变，这是科技股的魅力。我们要有在当下看到未来的能力，选择了科技股投资就是选择了不断学习与不断成长。

跟着基金经理学投资

INVESTMENT

合信岛 ◎ 编著

机械工业出版社
CHINA MACHINE PRESS

跟着专业的人学做专业的事，你就能更好地走向成功。本书针对投资者在投资过程中对收益的渴望、所遇到的各种迷茫以及对理财技巧提升的期盼，以专业的视角告诉读者如何进行行业研究、技术运用以及基金选择。希望通过本书，让财富管理机构和广大投资者更好地成就彼此，获得投资收益，帮助广大投资者在不断变化的市场中保持长期理性的判断和决策，真正享受投资带来的乐趣与成就感。

本书适合对基金投资感兴趣的人群、基金投资者、从事金融行业的专业人士阅读。

图书在版编目（CIP）数据

跟着基金经理学投资/合信岛编著. —北京：机械工业出版社，2022.6

ISBN 978-7-111-70967-1

Ⅰ.①跟⋯ Ⅱ.①合⋯ Ⅲ.①基金–投资–基本知识 Ⅳ.①F830.59

中国版本图书馆 CIP 数据核字（2022）第 099181 号

机械工业出版社（北京市百万庄大街 22 号　邮政编码 100037）
策划编辑：王　涛　责任编辑：王　涛
责任校对：薄萌钰　封面设计：高鹏博
责任印制：谢朝喜
北京宝昌彩色印刷有限公司印刷
2022 年 8 月第 1 版・第 1 次印刷
170mm×230mm・10 印张・2 插页・131 千字
标准书号：ISBN 978-7-111-70967-1
定价：59.00 元

凡购本书，如有缺页、倒页、脱页，由本社发行部调换

电话服务	网络服务
客服电话：010-88361066	机　工　官　网：www.cmpbook.com
010-88379833	机　工　官　博：weibo.com/cmp1952
010-68326294	金　书　网：www.golden-book.com
封底无防伪标均为盗版	机工教育服务网：www.cmpedu.com

编委会

主　编

苏彦祝

副主编

黄越岷

编委会成员

（按姓氏拼音字母排列）

曹春林	陈建军	陈　野
董　梁	冯瑞玲	龚　超
何　媛	胡尧盛	黄　弢
黄小虎	李添峰	李　癸
李　游	皮劲松	尚丹丹
孙　悦	孙泽宇	王　妍
王一兵	尹海影	周志敏

序言

在过去的40年里,中国经济的快速发展有目共睹。在这一宏观叙事背后,我们也可以感受到一些微观的变化,从基础设施到产业结构、从生产到消费、从硬科技到软环境、从企业到家庭,无一不在呈现着日新月异的面貌。通过"后视镜"看资产更是令人慨叹,不知不觉间一些新产业崛起,一些行业深刻地影响着我们的日常生活,一些公司变成头部或者顶尖,受到一二级市场资金热捧。或许在无数个不经意的细节中,我们都曾与它们相关的线索擦肩而过,只不过"当时只道是寻常"。

往未来看,中国经济还能不能继续维持中高增速增长?我对此持相对积极的看法。尽管面临种种结构性问题,但中国经济依然有一些明显的要素优势:一是偏高的国民储蓄率,中国的国民储蓄率高达45%,几乎是目前发达国家水平的一倍。也就是说,国人更习惯于把勤奋挥洒在现在,投资明天,把享乐后延到未来;二是处于释放期的"工程师红利",无论是高等教育人口数量、Nature index,还是PCT专利,都能映射出中国经济越来越高的研发密度;三是依然比较显著的市场化空间,只要有决心拓宽市场边界,就能看到全要素生产率的提升。从全球产业分工来看,我认为制造业两个最大的"α"也是在亚洲:一是中国的"工程师红利",二是东南亚的低成本替代。

接下来的问题是,A股能不能反映中国经济的增长?这一点基于直觉可能见仁见智,但数据是最有说服力的。粗略估算,从2005年资本市场股权分置改革算起,2005—2021年中国名义GDP的年均复合增长率为12.2%,而同期Wind全A指数年均复合增长率为12.7%。这意味着拉到中长期维度,市场仍是高度有效的,中国资产可以取得名义GDP增速附近的回报。

公募基金作为机构投资者能不能跑赢A股?同样从数据看,2005年以来，Wind 基金指数普通股票型基金的年均复合收益率为 17.5%，偏股混合型基金的年均复合增长率为 16.1%，均高于同期 Wind 全 A 指数的年均复合增长。这意味着拉长时间，机构投资者可以实现与资本市场的共同成长，至少历史数据显示它曾提供一定程度的超额回报。

机构投资的特点是什么？我理解主要是几个方面：一是资产配置，"鸡蛋"要在一个科学算法之下放在多个"篮子"里；二是长线投资，需要在投资纪律的配合下放置好"篮子"、耐得住寂寞；三是基本面研究，既包括基于宏观、政策、流动性基本面"自上而下"合理择时，也包括基于产业、行业、公司基本面"自下而上"合理定价资产，我们也可以理解为把"篮子"备好、把"鸡蛋"选好。在这套方法之下，投资不仅包括对收益率的追求，还包括对夏普比率的追求。

这套东西能不能学？当然是可以的。投资本来就应该是一套可复制、可检验的方法论体系。机构投资的方法论既包括对经济学、金融学基本原理的有效应用，也包括来自一线"真刀真枪"投资实践的经验总结，还包括一套成熟的投研体系、市场体系、风控体系的有效辅助。简单来说，它是理论、实践、机制的结合。

创金合信基金编写的这本书非常及时，它系统性地介绍了机构投资主流的框架、方法、理念。"授人以鱼，不如授人以渔"，这本书可以让你学着和基金经理一样去思考。这对于个人投资者理解中国经济、理解产业特征、理解资本市场、理解如何投资理财来说是不无裨益的，所以创金合信基金邀请我为这本书写序，我也欣然提笔。一本有用的书可以让我们的知识边界得到延展。各位读者选择本书实际上也是绕开纷繁浮躁，投资于自己的知识结构和人力资本，我相信只要是看懂吃透，你的这一远见一定会给你带来收获。

广发证券首席经济学家

郭磊

2022 年 7 月

目录

序言

第一章 平衡之美——资产配置的艺术 / 001

　第一节 资产配置:现代财富管理的方法基石 / 001

　　一、资产配置的起源与分类 / 001

　　二、为什么要做资产配置 / 002

　　三、资产配置的实现路径 / 003

　　四、资产配置是否是通俗意义上的择时 / 005

　　五、普通人如何做家庭资产配置 / 006

　第二节 资产配置体系的建立 / 007

　　一、资产配置策略和体系 / 007

　　二、资产配置模型和方法 / 011

　　三、资产配置应该交给专业的人来做 / 012

第二章 财富密码——持股投债的法则 / 015

　第一节 长钱持股,短钱投债 / 015

　　一、价格波动难预测,择时投资难成功 / 015

　　二、稳妥投资,让投资期限和资产波动性相匹配 / 018

　　三、理解资产价格波动:期限 / 020

　第二节 投资者必备的投资框架与理念 / 022

　　一、构建自身的投资框架 / 022

　　二、确立自己的投资理念 / 024

第三节 如何做好权益基金投资 / 026
 一、确定投资目标 / 026
 二、权益基金的本质与权益基金研究框架 / 027
 三、做好基金经理信息研究 / 028
 四、如何做持仓信息研究 / 030
 五、如何做净值信息研究 / 033
 六、基金净值研究 / 035

第三章 因地制宜——不同行业的投资逻辑 / 037

第一节 周期行业投资与研究 / 037
 一、万物皆周期：什么是周期行业 / 037
 二、为什么周期行业会出现明显的周期波动 / 037
 三、周期行业的投资方法 / 038
 四、如何选择周期成长股 / 039

第二节 新能源汽车行业投资研究 / 040
 一、新能源汽车的发展历程 / 040
 二、为什么新能源行业与产业政策密切相关 / 041
 三、新能源汽车的技术优势 / 042
 四、汽车的智能化对汽车行业的影响 / 042
 五、新能源汽车的发展阶段、发展空间以及未来的成长速度 / 043
 六、全球碳中和对新能源汽车行业的影响 / 044
 七、新能源汽车行业的竞争格局 / 045

第三节 科技行业投资研究 / 046
 一、什么是科技股 / 046
 二、科技股的特点 / 048
 三、科技股为什么不能"躺赢" / 049
 四、科技股投资的一条重要曲线 / 051

五、科技股的两种类型 / 052

　　六、科技股的估值为什么贵，能买吗 / 053

　　七、科技股中的牛股基因 / 054

　　八、弱势科技股的众生相 / 056

　　九、科技股行情的演进 / 057

　　十、未来 5~10 年看好的方向 / 058

第四节　医药行业投资研究 / 060

　　一、医药行业的特点 / 060

　　二、医药行业长期投资价值 / 062

　　三、医药行业的研究方法 / 063

　　四、医药股的投资逻辑 / 064

第五节　消费行业投资研究 / 065

　　一、判断消费行业的通用研究方法 / 065

　　二、研究核心变量 / 066

　　三、买消费行业的时候在买什么 / 067

　　四、各种"锚"是指什么 / 068

　　五、构建消费组合 / 069

　　六、为什么大家喜欢配置"白酒" / 069

第六节　化工行业投资研究 / 070

　　一、化工行业的分类 / 070

　　二、国内化工企业的竞争力 / 070

　　三、化工企业的发展阶段 / 071

　　四、化工行业周期 / 071

　　五、化工行业长线选股逻辑 / 072

　　六、化工行业的未来 / 073

　　七、化工企业估值 / 073

　　八、化工企业研究成果在投资中的应用 / 073

第七节　金融地产行业投资研究 / 074
　　一、银行的基本经营逻辑 / 074
　　二、保险这个古老而复杂的生意 / 077
　　三、券商的业务分类 / 079
　　四、房产是好资产，地产股不一定是 / 080
　　五、银行、保险、券商、地产的联动影响 / 081

第四章　投资体系——与市场和谐相处 / 082

第一节　有效的投资体系 / 082
　　一、什么是投资体系 / 082
　　二、如何构建投资体系 / 082

第二节　投资风险管理与基金评价 / 085
　　一、风险管理基础知识 / 085
　　二、基金业绩评价 / 088
　　三、基金风格分析 / 089

第三节　做好业绩归因 / 095
　　一、股票型基金业绩归因分析和应用 / 095
　　二、债券基金业绩归因分析和应用 / 097

第四节　如何挑选好基金 / 101
　　一、五个维度 / 101
　　二、网格交易法 / 102

第五章　量化投资——Smart 投资方法 / 104

第一节　打开量化投资的"黑箱" / 104
　　一、量化投资的理念 / 104
　　二、量化投资是"科学的冒险" / 105
　　三、历史回溯对量化投资的意义 / 106

四、量化投资与传统投资 / 107
　　五、量化投资研究中应注意规避的陷阱 / 108
　　六、如何评价量化投资的优劣 / 109
　　七、量化投资是一种投资价值观 / 110
　　八、国内主要的量化投资策略 / 111
　　九、数据的重要性 / 112
　　十、量化模型可以一劳永逸吗 / 113
　　十一、如何正确理解量化投资的"黑箱" / 114
　　十二、量化投资模型 / 115

第二节　多因子模型 / 116
　　一、多因子模型概述 / 116
　　二、大类因子的投资逻辑 / 117
　　三、因子标准化和中性化 / 118
　　四、如何评价一个因子的效果 / 119
　　五、为什么有些因子的超额收益不理想 / 120
　　六、如何找到那些简单有效的因子 / 121
　　七、挖掘因子过程中需要避哪些"坑" / 122
　　八、多个因子如何组合成 Alpha 因子 / 123
　　九、如何不断叠加新的因子 / 124
　　十、因子会失效吗 / 125

第三节　风险模型 / 126
　　一、对分散化的误解 / 126
　　二、了解风险模型 / 127
　　三、多因子风险模型的原理 / 127
　　四、多因子风险模型的因子 / 128
　　五、如何构建多因子风险模型 / 130
　　六、风险模型的协方差矩阵和个股残差风险 / 131

七、如何评价一个风险模型的优劣 / 132

八、风险模型有哪些用途 / 133

第四节 组合管理和交易执行模型 / 134

一、组合管理模型的作用 / 134

二、投资组合构建方法的进阶史 / 135

三、如何高效地实现组合优化 / 135

四、组合优化的输入和输出是什么 / 136

五、组合优化通常会做哪些风险控制 / 137

六、组合优化中常见的问题 / 138

七、股票交易的执行方式和交易成本 / 138

八、算法交易如何降低交易成本 / 139

第六章 投资新视野——REITs / 141

第一节 REITs 的股性和债性 / 141

第二节 REITs 投资三部曲 / 143

一、分析 REITs 的底层资产 / 143

二、了解 REITs 的收益增长空间 / 145

三、关注二级市场变化 / 146

第一章

平衡之美——资产配置的艺术

第一节 资产配置：现代财富管理的方法基石

一、资产配置的起源与分类

资产配置起源于境外的养老金机构，20世纪初在我国以养老理财和保险的形式落地，从其诞生就与我们的财富管理息息相关。近年来，资产配置被逐步应用在公募基金领域，其所对应的资产管理规模逐年增长、产生的投资效益逐年提高，为现代财富管理提供了一个丰富、有效的方法来源。

按时间维度，资产配置分为长期的战略资产配置和短期的战术资产配置，分别对应稳定自洽的长期性投资基础和灵活外延的阶段性投资补充。长期的战略资产配置体现的是对经济大格局、资产的长期共性与差异的把握，在宏观层面和基本面层面对政策大势和投资的长期性的把握尤为重要。从个人理财的角度来说，它决定了个人投资者的长期资产风险水平和股债商品的配比比例。

按空间维度，资产配置分为基于资产、管理人风格和风险的配置策略等。不同的资产配置策略产生不同的效能，适用于不同的客户群体，如针对短期理财、中期投资和长期养老，都有相适应的资产配置策略和规范的投资体系框架。

二、为什么要做资产配置

资产配置是一个很大的话题，先来探讨一下为什么要做资产配置。

1) 从短期的投资视角逐步转向做长期的投资规划，需要了解不同资产中有哪些是能够长期带来收益的。在基金投资过程中，经常有"基金赚钱而基民不赚钱"的情况，这在一定程度上源自营销过程与基民的财富关注点具有阶段性的特点。而从长期的视角进行资产分析和投资规划，能够帮助投资者看得远投资机会、拿得住基金产品，这正是让基金投资变成一项长期持续的盈利来源的一个关键点。

2) 在不同的经济发展阶段，获得收益的机会来自不同的赛道、行业或资产，必须对大类资产进行多元化的把握。在过去的几年间，随着我国经济的快速发展和周期性的波动，不同年份获得最佳配置收益的强势赛道和资产是不同的：比如 2017 年是消费，2018 年是短债，2019 年是科技，2020—2021 年是光伏新能源。仅仅是这个简单的例子就足以告诉我们，要想做好财富管理，需要通过配置的思想多元化地把握市场机会。

3) 要合理地规避投资风险，需要把"鸡蛋"放到不同的"篮子"里，适当地分散风险。一般来讲，不同类别资产之间的相关性是比较低的。以股票和债券为例，除了个别"股债双牛"和"股债双杀"的时间段，大多数时候股票和债券的收益率是负相关的。一个投资组合在大类资产和细分资产之间做好分散配置，可以最大限度地帮助投资者规避非系统性风险，利用好不同风险资产之间的低相关性甚至负相关性，减小组合回撤和波动。长期来看，多资产的风险收益特征会比单一资产的组合更加稳健。一般来说，风险厌恶的理性投资者，面对同样水平的上涨和下跌，对下跌的感受更"疼"，所以风险控制一直是投资者需要重点考虑的方面。长期以来，资产配置领域形成了一些比较成熟的风险控制策略和方法，如目标日期策略、目标风险策略、风险均衡策略等，可以帮助投资者在战略资产配置层面将风险控制在一定范围内。

4）好的资产配置策略可以帮助投资者增加收益来源。从大类资产的层面来说，假设两个投资组合采用同样的选择策略，在底层资产上选出的债券和股票完全相同，这时自然会面临一个问题——怎样分配债和股的比例？假设组合 A 结合宏观市场环境、债券和股票的长期风险收益特征，通过模型测算得到一个合适的长期配比，并且在短期市场环境发生变化的时候适当调整；组合 B 随机设定一个比例，并且没有适时调整。长期来看，组合 A 将大概率获得比组合 B 更高的收益。这是因为宏观经济、政策环境、短期市场资金、市场情绪等信息都会在资产定价中有所反映。比如，在 2020 年受新冠肺炎疫情影响全球流动性异常宽松的条件下，结合基本面、资金等信息可以判断股票相对于债券有更高的性价比，在组合风险允许的条件下适当提高股票资产比例可以使整体投资组合收益明显提高。

以上是大类资产层面，而具体到资产内部，债券还分为信用债和利率债，股票还分为价值股、成长股等细项，通过资产配置合理调整不同类别资产的配比，能够更好地利用以上这些信息。总之，长期来看，好的资产配置策略能够帮助投资者获取更多收益。

三、资产配置的实现路径

✤ 资产配置产品类型

居民财富管理需求和资产配置产品的结合，可以通过以下不同类型的产品实现：

1）低风险产品。通过资产配置投资框架能够把以股票和债券为代表的大类资产很好地联合在一起。有一类低风险产品是将大部分的债券和少量的股票放到一个投资组合中，能够起到保障绝对收益的作用。

2）低风险积极型产品。能够将资产配置与居民财富管理连接到一起的产品，被称为低风险积极型产品。低风险积极型产品是将股票和债券进行有效组合，当市场处于牛市状态时，该产品能够保持一定程度的收益弹性；当市场处在熊市状态时，该产品又能够在一定程度上有效保护组合本金，起到防范风险的作用，为产品提供良好的、具有风险收益特征和收益弹性的资产。

3）中高风险产品。中高风险产品属于偏股型产品，与资产配置投资方法有效结合的时候会产生一个有趣的特点：在中长投资周期中，该产品能够提供较为稳定的长期偏股型回报；当市场出现明显回调时，该产品对风险损失的把握和保持也相对较好。也就是说，个人投资者持有这类产品，当市场风险较大时，他们遭受的损失相对较少；而在中长投资周期中，又能得到一个中性偏高的类似权益资产特点的回报。对于个人投资者来说，这类产品可以增强持有体验，更利于长期持有。

4）高风险高收益型产品。这类产品往往具有较高的股票型资产配比，能够帮助个人投资者在较长的时间周期中选择强势的行业或赛道，当市场有风险或者处于结构切换过程中时有效把握市场的结构调整，不仅能在短期内表现出较明显的爆发力，还能在较长的周期中带来较好的投资回报。

✤ FOF

FOF（Fund of Funds），全称为"基金中的基金"。我们常见的普通基金主要投资于股票、债券等有价证券，而FOF则是对这些普通基金进行投资，从而间接对股票、债券等进行投资。

当资产配置的投资方法应用于FOF，具有以下三个显著的优点：

1）资产配置投资在权益和固定收益资产之间进行了有效的均衡和选择平滑，所以体现出明显的多元投资和平滑风险的特点，增强了产品的绝对收益导向。相对于单一基金的投资而言，FOF能够帮助投资者更好地平滑风险和更有效地追求绝对收益。

2）当专业的资产配置团队通过深入的跟踪和对稳健回报的有效追求，将对组合的管理和对资产的研究深度植入组合投资的过程后，FOF能够更深入地跟踪组合投资的表现，更有利于获取长期而稳健的回报。深入跟踪和稳健回报的关联和建立，是资产配置的研究体系框架在实际投资过程中由专业团队发挥作用后带来的效果。

3）通过配置不同策略和不同市场的基金产品，能够更好地体现穿越牛熊和获取稳定超额收益的作用。

在财富管理中，资产配置的体系框架能够为投资带来收益增厚和帮助，这也是我们将财富管理与资产配置投资体系有效结合的优良体现。

四、资产配置是否是通俗意义上的择时

很多专业投资者都强调不择时，而更多地侧重选股。客观上讲，择时的难度比选股更大，因为择时需要考虑的因素更复杂，且很多因素之间的相关性并不具有稳定性，难以准确预测。我们所说的择时，往往指的是对股票的仓位进行相机抉择的调整，卖出股票持有现金或买入股票，以期逃过下跌，并在上涨时持仓。大家熟悉的投资大师沃伦·巴菲特其实也择时。20世纪70年代初期，他解散了他的合伙企业，因为他认为当时的市场环境不太适合投资；他的现金比例时常处于动态调整的过程，在2008年国际金融危机的时候，他又大比例出手买入各类资产。

从一定程度上来说，择时的本质是逆向操作（当然也有顺势择时），如下跌时买入，目标是获利。资产配置的目的是实现资产配置的长期目标，控

制风险水平并据此买卖，风险自负。因此，择时本质上是资产配置的概率，如果做得好能够获得很大的收益。

五、普通人如何做家庭资产配置

普通人作为独立的投资者，应如何做好家庭资产配置呢？

做家庭资产配置，需要理清可投资金额、期限、风险、收益四大方面的条件和需求，即有多少资金需要配置、这些资金参与投资的时间是多久、能够接受的最大回撤和年化波动是多少、对收益的要求是多少，而不是一提到投资就想到要1倍、2倍的收益率。明确以上这些条件后，再进一步考虑具体的配置方案。

比如，A投资者是一位小有积蓄的中年人，目前有50万元资产，投资诉求是能够承受一定回撤的资产增值，投资期限是10年，最大回撤是30%以内，最好年化收益率10%~20%。对于A投资者来说，混合偏股型产品比较适合，或者搭配一个债券∶股票为2∶8左右的组合，并在市场某类资产组合出现明显的机会或风险时适当调整配置比例。如果A投资者对产品波动很敏感，可以选择目标风险的管理策略，这样相对于普通股票型产品大涨大跌的净值波动来说投资体验会比较好。

再如，B投资者同样有50万元投资本金，但他是一位已经退休的老年人，他的理想投资期限是5年，最大回撤是3%以内，年化收益率是最好达到6%。由于他的投资偏好比A投资者明显保守，所以可以配置一个债券∶股票为9∶1左右的组合。如果市场短期有机会，除非确定性非常高，否则一般不建议去博取短期收益。如果想再灵活一些，可以考虑目标日期策略，比如投资者现在55岁，可以把权益比例调整为20%，到60岁时再把权益比例逐渐降到5%以下。

如果普通投资者并不想自己费神做这些研究和操作，可以选择专业投资者提供的资产配置产品，如公募FOF（基金中的基金）、MOM（管理人的管理人基金）等品种。

第二节　资产配置体系的建立

一、资产配置策略和体系

✤ 四分类法

资产配置领域有多种策略和体系，如基于宏观的资产配置体系、基于经济周期的资产配置体系、基于估值的资产配置策略、基于风险的资产配置策略等。

基于宏观的资产配置体系，是指将宏观经济与金融市场结合起来，认为在不同的宏观经济环境中，不同的资产会系统性地表现出不同的风险收益特征，并且没有任何一种单一资产能够在不同的宏观经济环境中穿越牛熊成为"常胜将军"。因此，在不同的经济环境和经济周期中选择系统性更容易有"好表现"的资产，就成为基于宏观的资产配置体系的基本思路。通常来说，影响资产表现的宏观因素包括经济发展水平、通胀水平、财政政策、货币政策等几大方面，具体指标包括国内生产总值（GDP）、采购经理指数（PMI）、失业率、消费者物价指数（CPI）、生产价格指数（PPI）、国家财政支出、货币供给水平等。由于宏观经济指标比较稳定，往往是其边际变化水平会对资产价格产生更直接的影响，比如当GDP下行、CPI紧缩时，债券相对于股票等其他资产往往表现更好。由此，根据宏观经济指标及其变动水平判断当前所处宏观经济环境，筛选出更加优质的资产进行配置，就形成了基于宏观的资产配置体系。

以基于宏观的资产配置体系为基础，可以演化出一个分支，就是基于经济周期的资产配置体系，其中比较有名的是美林"投资时钟"理论，如图1-1所示。按照经济增长与通胀的不同搭配，美林"投资时钟"理论将经济周期划分为四个时期：

1）"经济上行，通胀下行"构成复苏期。股票的弹性较大，相对债券和现金有更好的投资性价比。

2）"经济上行，通胀上行"构成过热期。通胀上升增加了持有现金的机会成本，可能出台的加息政策降低了债券的吸引力，股票的配置价值相对较强，而商品则可能走出明显的牛市。

3）"经济下行，通胀上行"构成滞胀期。现金收益率提高，也就是通常所说的"现金为王"，经济下行对企业盈利的冲击将会对股票产生负面影响，相对股票来说债券的性价比会提高。

4）"经济下行，通胀下行"构成衰退期。通胀压力下降，货币政策趋于宽松，债券表现最为突出，随着经济即将见底的预期逐步形成，股票的吸引

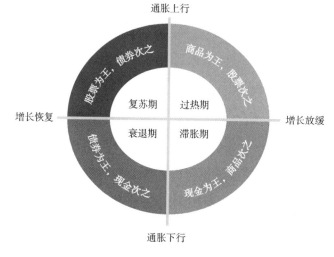

图1-1 美林"投资时钟"理论

力又会逐步增强，回到最开始的复苏期。

在真实的资本市场中，资产价格是多种因素合力作用的结果，不会像以上所述的这样严格按照"剧本"走，但这并不妨碍美林"投资时钟"理论从经济周期角度对投资起到很好的方向指引作用。

在基于估值的资产配置策略中，比较简单的就是估值轮动策略。一般来讲，我们用市盈率（PE）、平均市净率（PB）或市销率（PS）衡量估值水平的高低。以申万一级行业为例，在特定的时间比如每月末计算各行业的估值水平，买入估值低的标的，卖出估值高的标的，形成一个"轮动"的策略。其中，有两点需要特别注意：

1）简单的估值因子。比如，Barra 模型⊖构建的估值因子，长期来看在 A 股市场并不具备明显的超额收益，因为不同行业的估值中枢本来就不同，强行把不同资质、不同估值中枢的行业放在一起比较，多数情况下选择的都是长期估值比较低的行业，所以估值本身往往不能起到决定性的筛选作用，往往需要与其他指标结合进行筛选。

2）对估值的理解需要扩展到一个广义估值的领域。对于一般行业通常看市盈率（PE）比较多，对于银行业以及一些周期性行业则是看平均市净率（PB）比较多。这些指标的分母都是可账面化的，对于商业模式比较传统的行业用账面历史数据相对合适，因为它们的变动较小；对于科技、研发成分比较多的行业，很多早期的投入虽然无法在账面体现收益，但这些投入长期来看又确实能够形成"护城河"，所以不能简单地用历史市盈率（PE）或平均市净率（PB）衡量他们的估值。目前，行业内比较常用的做法是用市销率（PS）或者未来市值折现来判断当前估值是否合理，这不失为一种广义估值的衡量手段。

⊖ Barra 模型是经典金融风险控制模型，主要应用于多因子选股分析和结构化风险因子分析。通过构建相应的模型，得到各个因子的收益率、方差、因子暴露、因子有效性及择时有效性，并由此进行分析。

当前，应用比较广泛的基于风险的资产配置策略主要包括目标风险策略、风险均衡策略等。

1）目标风险策略，是指根据投资者特定的风险偏好设定组合的目标风险，通过优化目标函数的方式最大限度地提高收益。这样在任何一个时间点上，投资者对于自己所要承担的风险都是比较清晰的。

2）风险均衡策略，是指在组合内的核心资产（如股票和债券）的风险之间平均分配权重，而非简单地分配投资金额的权重，这样各类资产对组合的风险贡献基本是类似的，从而使得组合的长期表现更加稳健。大家耳熟能详的桥水基金"全天候"策略就是一种风险均衡的资产配置策略，这样的策略虽然在短期市场风格明显的时候可能不如押对市场风格的基金表现那么亮眼，但是在不同的经济和政策环境中总有一些资产、一些风格是受益的。普通投资者甚至专业投资者也无法做到精准捕捉每一次的受益资产，那么拉长时间来看，"全天候"策略就不失为一种好的配置选择。

一般来说，目前比较通用的资产配置策略和体系很少只立足于宏观或者基本面等某一个方面，因为资本市场的价格是多种因素共同作用的合力体现，只依靠单一方面情况和信息做出的配置决策长期很难战胜市场。上面提到，我们当前做的资产配置分为战略资产配置和战术资产配置两个层面。其中，战略资产配置涉及期限较长，一般在 3 个月甚至 1 年以上；战术资产配置涉及期限较短，当市场出现短期定价偏离的收益机会时，可在战略配置的基础上在一定范围内调整资产配比，这类配置调整多数在 3 个月以下。战略资产配置常常立足于宏观和基本面研究，各类资产的长期性价比最根本的还是由经济和政策环境决定，并且这些因素短期内不会频繁变动，对于宏观经济、政策以及行业中观层面的基本面、景气度等的研究对长期战略资产配置有比较大的参考价值；战术资产配置则更多地关注短期估值、情绪等方面，在宏观和基本面逻辑不变的条件下，市场往往会由于短期扰动产生价格偏离价值的短期收益机会，在组合风险允许的范围内抓住短期战术机会，可以有效提升组合收益。

✤ 两种常见的资产配置体系

资产配置投资作为公募基金行业的一个投资体系，在过去数年的发展中形成了一些常见的体系框架类别。市场中常见的资产配置方法体系可以粗略分为基于投资目标的方法体系和基于投资风险的方法体系两个大类。

1）基于投资目标的方法体系。包括针对长期养老的目标日期基金、针对保险兑付的资产负债匹配策略等，是一种重视收益规划和长期风险分散性价比的投资方法体系。

2）基于投资风险的方法体系。包括目标风险策略等，是将特定风险收益特征的实现作为投资管理目标的投资方法体系。

我国的资本市场是一个"重细分，弱大类"的市场，大类资产种类较少，细分资产、细分风格较多，并且差异化明显。因此，我国资本市场的资产配置需要更多地关注细分资产、细分风格。细分资产的风险和定价呈现多角度的特点，宏观因素或基本面因素对长期收益起框架性作用，但资产的表现又不完全由宏观因素或基本面因素决定，甚至在很多时候，对于涨跌的转换点、风险的变化等，需要结合市场情绪、交易的拥挤程度等量化特征进行分析。因此，需要建立多角度复合的资产配置体系予以包容。

二、资产配置模型和方法

资产配置常用的模型，比较经典的包括马科维茨均值-方差模型、风险评价模型等，多数模型的思路都是在一定的限制条件下对目标函数进行优化。

以战术资产配置为例，会综合应用多维工具与信息。比如，判断一个资产当前的变化是否为短期可恢复的暂时性偏离，会用到市场情绪、估值、因子、市场结构等方面的观测体系，这些指标互相影响和印证，最终得到一个胜率较高的结论指导投资。

假设在历史上银行板块可以提供一个不错的阶段性收益，但银行从2021年6月初到7月底有一个较大幅度的下跌（图1-2），那么短期会不会出现反转，是否应该做一个战术配置呢？

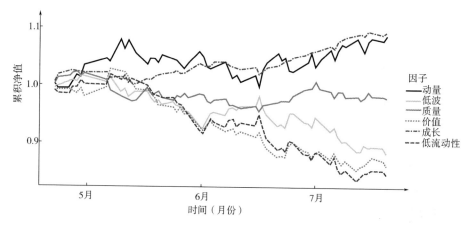

图1-2　主要因子2021年5—7月的表现

首先，我们要从基本面肯定银行的价值，政策环境对银行没有明显利空，银行盈利稳定性好，估值较低，这是相对长逻辑的一些因素。其次，以这些因素作为基础看短期表现。2021年5月以来，价值因子表现持续走弱，银行板块的资金也呈现一个持续净流出的状态（图1-3）。最后，对比当期的新能源、TMT⊖板块的资金热度。综合以上这些因素即可做出判断：没有明显因素支持我们在左侧战术布局银行板块。

三、资产配置应该交给专业的人来做

将专业的事交给专业的人，远比普通投资者自己去做资产配置更有优势，

⊖ TMT（Technology, Media, Telecom），是科技、媒体、通信三个英文单词的首字母。TMT行业是指未来电信、互联网、信息技术融合产生的行业。

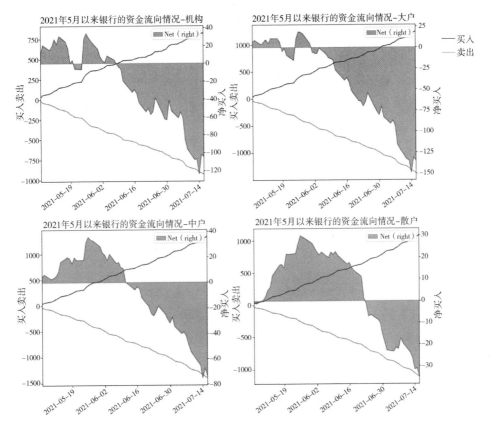

图1-3 2021年5月以来银行板块的资金流向情况（单位：亿元）

主要有以下四方面原因：

1）基于专业视角能够更早地发现机会。专业投资者会采用体系化的方法随时审视市场中的投资机会，更容易同时在长周期维度和短周期维度发现投资机会。个人投资者经常感慨自己既把握不住市场的风口，也拿不住资产穿越牛熊。而专业的、团队化的资产配置管理，他们的目标就是通过对经济运行规律和资产质地周期性变化的把握进行投资，有效地通过构建投资组合的形式精选强势资产和调控风险跨越牛熊。

2）专业投资者能够覆盖更多的资产，既能充分把握资产的收益，也能充分规避潜在的风险，相对于个人投资者而言能更快速地做出相应的调整。

3）专业投资者能够更清晰地把握投资赛道的增长空间与产业格局，从而更好地帮助普通投资者分配资产和获取多元收益。这一点在近几年来的科技、新能源等成长占优的板块中体现得尤为明显。专业投资者对这些行业赛道的深度把握和长期跟踪，能够有效地帮助普通投资者在复杂纷繁的多变格局和赛道中进行准确的选择。

4）对资产的风险收益的认知存在一个转化的过程。专业投资者具有专业理念，能够更快地将市场中的投资发现转变为能够带来收益的投资产品。资产配置作为一种体系化的工作，可以从宏观、自下而上、基本面分析等多个角度将复杂的市场信息进行整合，从而更行之有效地帮助普通投资者在市场中发掘有利的投资机会。

第二章
财富密码——持股投债的法则

第一节 长钱持股，短钱投债

一、价格波动难预测，择时投资难成功

为什么是"长钱持股、短钱投债"？因为价格波动是无法预测的。这本来是一个很重要且特别简单的常识，但专业投资者和普通投资者对这个问题始终没有给予足够的重视，在这个基本的问题上往往考虑不足，所以在投资中很容易犯错误。

投资之所以有风险主要是因为价格有波动。如果价格没有波动，整个资产的价格将是一条斜向上的直线，那么每一次投资都将是稳定盈利的，也就不存在择时或投资风险的问题了。事实上，根据经济学理论，股票、债券市场的波动都是随机的，无法准确预测它们的走势。在这种情况下，择时投资很难成功，投资会蕴藏很多风险，因为有可能买在市场的高点。比如，有一笔钱要在短期内使用，如果买在市场高点，当后面要用这笔钱的时候，即便市场是下跌的，也只能被迫卖出，所以投资是亏损的。如果接受市场是很难择时的，就可能会采用另一个原则，即必须根据资金期限选择要投资的资产：

长期资金可投资股票市场，短期资金可投资债券市场。只有这样配置，才能确保投资风险相对较低。

关于投资走势预测，有一个经典的例子就是"股神打赌"。2005年，沃伦·巴菲特提出了一个赌金为50万美元的公开赌约，如果有人可以至少选出5只主动管理的基金在未来10年的平均收益高于标普500指数，他就捐出50万美元，否则对方就捐出50万美元。2008年，基金经理泰德·西德斯接受了这一赌约，押注了他精选出来的5只主动型FOF基金。2017年5月，泰德·西德斯承认他失败了。在这10年赌约期间，标普500指数获利大幅超过那5只主动型FOF基金。

泰德·西德斯在一篇刊文上说，他失败的原因不只是基金有管理费，还有一个原因是沃伦·巴菲特的运气太好，因为赌约期间标普500指数的表现过于优异。紧接着，泰德·西德斯做出了一个令人印象深刻的预测：过去10年间标普500指数的表现都非常好，所以未来10年里应该加注这一赌约，与沃伦·巴菲特把这个赌注进一步放大。他认为标普500指数过去的表现实在太好了，所以现在的估值太高，未来很可能会令投资者失望。

可惜，这是一个比较讽刺的预测，因为2017年5月底标普500指数大概在2400点，而到2021年11月底已经超过4500点，仅4年涨幅就已经超过87%。所以，泰德·西德斯如果去打这个赌还是会输。

由以上案例可以看出，择时的确是一件非常困难的事情。泰德·西德斯精选的5只FOF放在10年这样一个区间里，事实上通过主动管理的持仓选择确实是没有跑赢标普500指数，也在一定程度上说明了择时很难跑过标普500这种相对标准的"宽基指数"。沃伦·巴菲特对这件事情是很重视的，他不止一次说过"你很难战胜指数"这样的话。

关于这件事，可以从更简单的角度来分析。如果择时能够保证投资成功，那就可能没有必要投资股票了。如果对利率很有把握，可以投资国债期货，甚至只投资期权，只需要打赌看涨或看跌就可以很容易地赚到很多钱。而事实上很少有人能通过这样的操作持续盈利。所以，事实证明，择时很难做到绝对意义上的投资成功。

择时很难成功，是一个不管是从经济学理论还是从实践上都已经很清晰的结论，但是不管是业余投资者还是专业投资者，仍然会不自觉地去做择时投资。这是因为很多人都有一个过度自信的心理倾向，那就是过于相信自己的判断能力，高估自己的成功概率，并且喜欢把过去的成功归结于自己的能力，而不愿意承认那可能仅仅是因为自己的运气好。这种心理倾向很容易诱使投资者做择时交易。

有一个修正这种心理倾向的办法，就是当每一次对市场做出判断的时候把它记录下来，等 6 个月或 1 年后再去翻看这些判断，看看判断正确的次数是多少，分析为什么判断对了或为什么判断错了，统计自己的成功率。

✣ 长期看，择时策略会显著跑输

如果不做投资，仅持有现金或持有货币基金（风险极低），假设回报率是 2%，现在有两种可以投资的资产：债券，假设长期回报率是 5%；股票，假设长期回报率是 8%。

一般情况下，择时意味着能够低买高卖，意思就是平时必须更多地保留现金，如果择时不成功（择时的胜率不能显著地高于 50%），就意味着为了择时要保留现金，要长期持有一个平均收益率更低的资产。择时交易就意味着更多的买进卖出，这种买进卖出会产生交易费用，这样就会增加跑输市场的概率。所以，若非投资能力长期卓绝，通常而言择时交易不但不能提升投资回报率，从长期看还降低了长期回报率。

✣ 高波动高回报的资产可能体验并不好

不管普通投资者还是专业投资者，都需要关注以下这样一个问题。股票型基金有一个规定,就是它持有股票的仓位不能低于80%。市场中的灵活配置混合型基金允许持有任意的股债比例,投资者认为股票行情好的时候可以持有股票,认为债券行情好的时候可以持有债券。除此之外,还可以选择持有现金,这样就可以做到灵活配置。可见,混合型基金可以更容易做择时。

实际上,股票型基金的特性决定了它本身是可以在市场中大行其道的,并且它也意味着择时交易。长期来看,现金的回报率是比较低的,一般只有2%左右;债券的回报率一般为4%~5%;股票的回报率一般为8%。那既然不能择时,如果永远持有股票,是否就能获得一个较高的回报?如果投资者选择了一只资质非常好的股票,即使该股票在产生50%亏损时也能坚持不卖出,可能确实能达到这样一个结果。但事实上大多数人并不能接受50%亏损。因此,如果出现了50%的亏损因为坚持不住而卖出,再重新把它赚回来可是需要赚100%而不是50%。总的来说,人是厌恶风险的,也就是赔5000元带来的痛苦会远大于赚5000元的快乐。所以,短期资金投资一个高波动的资产,收益的不确定性很高,它有可能带来比较大的痛苦,因此应当避免这样的投资。

二、稳妥投资,让投资期限和资产波动性相匹配

❖ 不同资产的回报率和风险特征

图2-1是不同资产在2009年1月5日—2021年1月5日的走势表现。长期来看,不同资产的回报率是不同的,货币基金的增值是最低的,沪深300指数的增值是最高的。

表2-1统计了图2-1中不同资产的收益率。

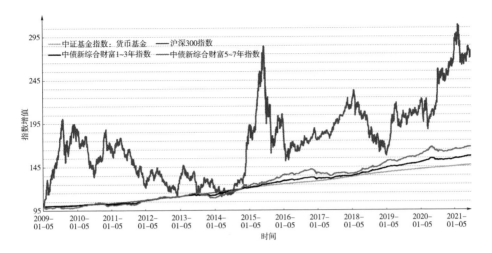

图 2-1 不同资产的走势表现（2009 年 1 月 5 日—2021 年 1 月 5 日）

表 2-1 不同资产的收益率（2009 年 1 月 5 日—2021 年 1 月 5 日）

收益率（%）		资产			
		中证基金指数：货币基金指数	中债新综合财富1~3年指数	中债新综合财富5~7年指数	沪深300指数
总收益率		46.76	57.02	67.81	169.71
平均年收益率		3.21	3.79	4.36	8.80
一周	盈利概率	100.00	78.30	66.63	52.20
	最大收益	0.19	0.66	1.21	12.26
	最小收益	0.00	-0.80	-1.70	-21.70
一个月	盈利概率	100.00	82.24	72.39	55.06
	最大收益	0.55	1.68	3.82	32.45
	最小收益	0.13	-1.70	-3.13	-31.11
一季度	盈利概率	100.00	88.00	77.78	53.95
	最大收益	1.41	2.98	6.56	53.91
	最小收益	0.43	-1.37	-3.73	-41.61
半年	盈利概率	100.00	92.90	84.94	57.22
	最大收益	2.54	4.77	8.06	104.92
	最小收益	0.90	-1.12	-5.23	-32.09

（续）

收益率（%）		资产			
		中证基金指数：货币基金指数	中债新综合财富1~3年指数	中债新综合财富5~7年指数	沪深300指数
一年	盈利概率	100.00	100.00	86.21	57.46
	最大收益	4.83	8.53	13.94	149.97
	最小收益	2.11	0.93	-3.56	-41.80
两年	盈利概率	100.00	100.00	100.00	63.98
	最大收益	9.33	15.17	24.76	105.90
	最小收益	4.76	4.52	0.54	-31.77

根据表2-1统计的4只基金指数自2009年1月5日至2021年1月5日的收益率情况，总的来说，这些资产的收益率是伴随着波动性而逐步上升的，由于资产的波动性上升，持有期的胜率是不一样的。

三、理解资产价格波动：期限

选择投资的资产应该与资金的期限相关。

❖ 资产价格的波动性是怎么来的

要理解资产价格的波动性，可以通过债券资产价格的波动性来理解。债券作为一种资产，它有价格。比如，某公司以年息5%的利率借100元钱，按年付息，3年后还本，这就可以理解为它发行了一个债券。如果这家公司不违约，投资者每年都能够得到5%的票面利息，第3年年底收回本金。债券投资收益等于持有债券的利息收入+债券价格波动（投资者无论是提前卖出还是市场利率发生变化，都会引起债券价格的波动）。

比如，某公司发行的某债券年息是5%，投资者每天都能得到这100元钱产生的利息（大概是1分4厘），这就是债券的利息。但是，假设投资者今天买了一个年息5%的债券，恰好当天收盘后央行宣布降息0.25%，市场利率变成4.75%。那么，第二天新发的债券就不会以5%的利率发行，而是会以4.75%的利率来发行。

第二天，如果当天发行的债券是4.75%利率，昨天发行的债券是5%利率，那么这两种债券摆在投资者面前的时候，昨天发行的债券就不能按照今天的100元卖了，因为昨天发行的债券，它的利息是每年5元，3年一共是15元；今天发行的债券，它的利息是每年4.75元，3年一共是14.25元。昨天发行的债券3年要多0.75元的利息，如果要买昨天的债券，必须以100.75元的价格购买，才能和今天发行的债券大体上等价。所以，市场利率变动降息，债券的价格就会上涨。

如果昨天买了债券，今天银行加息0.25%，市场利率就变成5.25%。同样的道理，昨天买的债券实际上比今天发行的债券利息少了0.75元，所以昨天100元买的债券今天的卖出价格只能是99.25元。总之，市场和利率是不断变化的，债券的期限越长，价格的波动越大，短债的价格波动比长债的价格波动小。

再来说股票。股票基本的定价模型是长期的现金流折现。股票为什么有价值？通俗地讲，是因为从长期看股票会给投资者带来回报。股票未来带来的回报与上市公司的盈利能力在一定程度上可以通过现金流体现出来，未来现金流折现可以简单地理解为股票的当期价格。

如果股票市场不存在，股票就只能分红。从这个角度来说，把股票理解成一个长期型的债券实际上是没错的。股票是一种更长期限的资产，并且分红不确定，因为公司的盈利是不确定的。因此，股票的价格波动一般会比债券的价格波动更显著。

✤ 期限越长，价格波动越大

投资期限越长，资产价格走向的不确定性越高，风险就会越大。如果既没有择时能力,又要确保能够战胜不确定性,那么更好的办法就是投资期限能够跨越资产波动的周期。

如果资产的波动性比较大,而投资期限又不能那么长,就应该投资波动性相对较小的产品,如短债基金等;如果只能做半个月投资,最好是选择货币基金,这样能够确保大概率是盈利的。

第二节 投资者必备的投资框架与理念

一、构建自身的投资框架

投资链条的形成有三个维度:首先是自上而下从宏观角度确定大类资产权重配置,主要是确定股债配置比例;其次是确定行业权重配置;最后是自下而上地选择个股。

✥ 大类资产权重配置

可以通过五个维度的观察动态调整股债比例,具体包括宏观基本面、宏观政策面、微观流动性、估值指标和重大事件。

1)宏观基本面。对于宏观基本面的观察,要以统计局、中国人民银行(以下简称"央行")以及海关总署等给出的统计数据为准,这些机构每个月公布的工业增加值、固定资产投资增速、采购经理指数(PMI)、外贸进出口总额、社会零售总额增速、消费者物价指数(CPI)和生产价格指数(PPI)、信贷增速等是判断宏观基本面的最重要的指标。

2)宏观政策面。对于宏观政策面的观察,首先要观察央行的货币政策,重点关注货币政策执行报告、公开市场操作情况、官方口径变化和利率价格等；其次要观察财政政策、金融监管政策、股市政策和相关部委的行业政策变化等。

3）微观流动性。微观流动性观察指标包括日均成交额、首次公开募股（IPO）和定增融资额、重要股东增减持额、两融融资余额变化、陆港通资金变化以及新老基金发行和申赎情况。

4）估值指标。基于自上而下的角度，第一层次主要关注几个宽基指数的估值指标，包括上证50指数、沪深300指数、中证500指数、创业板指数、万得全A的PE和PB绝对值以及历史分位数，通过对历史分位数的观察感知整体的估值水位。在某个特定的时期，即使多数宽基指数的估值历史分位都处于历史高位，无论是A股还是境外市场，也不代表必然的估值泡沫，因为当前全球都面临低增长、低通胀和低利率的大背景，因此也需要结合绝对估值水平进行综合评估。

5）重大事件。重大事件包括国际关系、区域冲突、突发事件（如疫情）等。对这些事件的评估没有绝对的标准，主要靠经验值做判断，把这些事件作为因子考虑其对权益市场的影响。

❖ **行业权重配置**

在确定大类资产相关的股债配置比例后，需要确定行业权重的配置，最主要的观察指标是行业景气度变化以及行业相关估值性价比的评估。对于行业景气度的评估，首先是观察统计局公布的细分行业数据；其次是由公司内部行业研究员对景气度进行判断；最后是以月度为单位评估月度涨幅、景气度变化、行业整体估值水平的平衡关系。在行业层面的配置以均衡为第一原则，常态会配置6~8个行业，每个行业的权重一般不会超过20%，每个月在行业权重方面的调整都以微调为主，上下幅度一般不会超过5%。

✤ 自下而上地选择个股

在确定行业权重配置的基础上，优选行业中处于确定性地位的"龙一"或者"龙二"标的。如果是类似于医药、消费、高端制造等子行业较多的行业，优选子行业中的"龙一"或者"龙二"标的。在个股权重的配置过程中，对于标的估值和盈利的匹配度应放在优先考虑的范畴。首先，重点核查净资产收益率（ROE）、企业盈利增速以及资产负债表和现金流量表中的重要财务数据；其次，重点关注行业竞争格局、公司商业模式、核心竞争力以及公司企业文化和激励机制等；最后，动态跟踪企业短期经营情况、事件型催化剂，倾听市场上投资者对公司的声音。

二、确立自己的投资理念

✤ 持仓分散的核心逻辑

持仓分散体现在行业分散和个股分散两个维度，其背后的核心逻辑是市场本身存在巨大的不确定性。未来是不可预测的，无论是行业还是公司，能真正穿透历史迷雾的投资者是极少数。《基业长青》⊖一书中列示了当时的伟大公司，但若干年后其中有一半多的公司已经被市场淘汰。站在任何时点，可能都很难判断当时所投的公司是"2003年的腾讯"，还是"1997年的长虹"。因此，相对分散是对自身认知的一种自觉，也是对市场的一种敬畏，同时也是保护投资组合更平稳运行的一种手段。当然这也与一般的投资风格相匹配，希望实现低回撤的稳健收益，而分散更有利于实现这个目标。

⊖ 《基业长青》是美国管理学家詹姆斯·柯林斯、杰里·波拉斯创作的管理类著作，于1994年首次出版发行。

❖ 追求胜率还是追求赔率

如果投资风格是以追求胜率为先，就应该强调确定性，而适度放弃最高赔率。放在投资目标的实现上，如果以 10 年 10 倍收益为投资目标，投资策略不应该是重仓某个标的，在单个标的上实现 10 年 10 倍收益的回报，而应该把 10 年分解为 3 年 + 3 年 + 3 年 + 1 年，每 3 年寻找一个标的，目标是实现翻倍增长，拆解到每一年就是实现约 24% 的增长，通过接力的方式实现 10 年 10 倍收益的回报。如此，在寻找投资标的时应更强调标的估值和盈利的匹配度，以合理估值买入未来有合理回报的标的。对于景气度特别高、估值也非常高的行业和标的，可阶段性参与，但不适合作为重点品种长期配置，尤其是从整个组合角度出发，因为高景气和高估值背后对应的是景气变化后的"股债双杀"。

❖ 如何平衡战略性持有和战术性高抛低吸

用通俗的话来讲，交易策略是看长做短，以价值为基础，以趋势为导向。没有长期行业成长空间、缺乏价值基础的公司不应进入关注范围，但同时应关注股价的短期变化。股票市场作为一个亿万投资者集体参与的博弈游戏，在很多时候会呈现出市场非理性的一面，具体表现就是所有参与者都会不可避免地受到恐惧和贪婪这两种人性基本弱点的驱使，使得作为被交易对象的上市公司股价永远无法停留在价值的中枢位，而是或者位于严重偏离的泡沫位置，或者位于严重低估的恐慌位置，行为金融学已经从心理学和实证的角度反复验证了这个事实。如同巨大的钟摆，均值回归的基本规律总是在发挥作用，因此在立足长期的基础上，逆市场情绪地做一些战术性的高抛低吸，这种逆向投资从长期来看仍然是一种有效的策略。

❖ 如何看待研究和投资的关系

无论是宏观研究、行业研究还是公司研究，都是努力澄清事实真相的过程，应最大限度地理清重要变量以及它们彼此之间的逻辑关系。从理论上讲，在方向正确的前提下，越努力越可以接近事实的真相，并且可以在同一方向的研究中不断累积经验值。投资是在研究的基础上，对被研究对象在空间上和时间上进行组合构建。但由于市场参与主体认知的不同，对事实真相的判断会有很大的差别，而被研究对象的价值又会受到外部宏观政策等外部环境的巨大影响。通俗地说，就是影响股价的因素很多。

投研一体化有助于加深对行业、公司的全面理解。研究就像种菜，只有找到好的种子、好的地块，按时浇水施肥，观察天气变化，才能种出好菜。在投资中，基金经理好比炒菜的厨师，在有好的原料的基础上，还需要配好菜，同时通过对火候的把握以及辅料的添加炒出一盘好菜。

第三节　如何做好权益基金投资

一、确定投资目标

只有确定目标，才能踏准道路。投资也是一样，没有哪只基金只涨不跌，只有确定具体的基金投资目标，设定一个止盈目标，才能找准自己的投资节奏，不被市场情绪所影响。

同时，只有确定了基金盈利目标，才能挑选出更加适配的基金。例如，设定1年的基金盈利目标为5%，那么可以选择债券基金或者"固收+"基金，而不必选择波动性较大的股票型基金。

二、权益基金的本质与权益基金研究框架

权益基金研究有一套既定的框架，这套框架是建立在权益基金的本质基础之上的。权益基金的本质，可以总结为下面的这句话："权益基金是一个权益市场投资人的部分投资策略的外显。"这句话中有三个重要的词语，按重要程度依次为：投资人、部分投资策略、外显。

为什么投资人最重要？因为任何事情都是会变的，相对不变的是人的一些固有习惯和固有性格。一个人的习惯和性格会跟随他很久，所以这是我们从投资的不确定性中能找到的最大的确定性。

投资策略的重要性排在第二，是因为人的投资策略虽然是会变的，但不会变得太频繁，所以它是不确定性中第二确定的事情。

最不确定的是外显，也就是我们能看到的投资结果，很有可能随着市场的波动立即发生变化。

研究基金投资，需要对图 2-2 所示的三个部分进行分析。恰好也可以把一切跟权益基金有关的信息分成三个部分进行分析，这三个部分对应权益基金的三个本质要素：基金经理信息对应的是投资人，需要收集大量的关于基

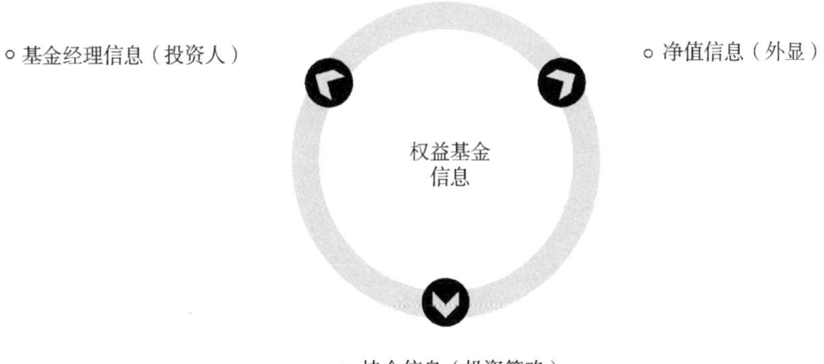

○ 基金经理信息（投资人）　　　　　　　　　　○ 净值信息（外显）

权益基金
信息

○ 持仓信息（投资策略）

图 2-2　权益基金信息组成

金经理本人的资料分析权益基金；持仓信息对应的是投资策略，根据持仓信息和基金经理信息就可以分析出他的投资策略是什么样的；净值信息就是一切体现在基金复权单位净值上的信息，对应的是基金投资策略的外显部分。

三、做好基金经理信息研究

投资者可以通过基金公司的营销材料、基金经理的直播、基金经理的路演或直接调研的方式获得基金经理的相关信息。需要注意的一个问题是，与基金经理面对面接触之前最好先从基金经理资料中了解信息，再有针对性地去提问。

首先，需要获取的是基金经理的投资理念和投资框架。投资理念就是喜欢做什么样的投资，比如是更看重长期逻辑还是更看重中短期的轮动变化。投资框架就是卖什么、买什么，怎么卖、怎么买。

其次，需要获取的是基金经理具体的投资思路和投资逻辑，也就是基金经理是如何分析和研究市场和公司的。举个例子，某基金经理买了"贵州茅台"的股票，那么他为什么要买"贵州茅台"的股票？这个是他在自己的投资框架和投资理念中已经解释过的——买最好的行业中最好的公司。他是如何判断"贵州茅台"这个公司就是行业中最好的公司的呢？他是从哪几个方面去看的？普通投资者肯定都会说高净资产收益率、有非常好非常稳定的现金流、买得早有非常低的估值等。乍一听很有道理，但这些对于专业投资者来说是远远不够的。很容易看到，这样的投资逻辑其实就是个"大路货"，可以说人人皆知。基金经理怎样确定"贵州茅台"的高净资产收益率是否还会继续延续？怎样确定他稳定的现金流会不会变得不稳定？怎样确定它的估值是高了还是低了？这些投资思路和投资逻辑才是需要我们关注的。基金经理怎样分析这个公司、怎样得出结论，这些才是他能跑赢市场的重要法宝。

再次，基金经理的个性和经历虽然也很重要，但不是每个人都能从基金经理的个性和经历中分析出他内心究竟喜欢什么样的投资。例如，某基金经理是一个急性子，做什么事都急匆匆，那他很可能难以长期、有耐心地等待某个产品获取收益，也许会更多地追求一些短期的收益而牺牲长期的回报。

从基金经理的过往经历中也可以了解一些重要的信息。例如，某基金经理曾做过期货交易员，但做得很失败。这时再去看他现在的投资，假如他还在坚持交易，并且其中的一些交易获得了成功，那就说明他是一个非常坚韧的投资者，能够忍受短期的失败，风险偏好可能就是偏高的。假如他现在完全抛弃了交易，那就说明他将来应该也不会再靠交易获得收益。

再举一个例子。某基金经理曾经研究家电行业，后来改研究新能源行业。当新能源行业不景气的时候，他的第一首选行业是什么？很大概率会跳回家电行业。这就是基金经理的经历传递给我们的信息。总之，一个人的个性和经历是很难发生改变的，所以非常值得重视，但前提是要有说得出的理由，可以形成逻辑链条。

最后，需要了解基金经理能获得什么样的外部支持，因为有很多投资理念、方法、思路是需要很大的外部支持的。例如，某明星基金经理的持仓超过200只个股，如果他不是做量化研究的，一个人是不可能分析完成这200只个股的，一定需要一个非常大的团队搜集和研究这些个股的信息。在这种持仓方法下，如果该明星基金经理没有这样的外部支持是很难成功的。

基金经理的进步空间在哪里？现有的支持能不能为他提供继续进步的基础？投资如逆水行舟，不进则退。例如，某基金经理现在已经非常优秀，获得了十分可观的收益，那么他能不能通过扩充他的外部支持维持现在的收益甚至更上一层楼呢？这也是非常重要的一个点。其实这一点与我们常说的基金公司有十分密切的关系。每个投资者在做投资分析的时候都会看基金经理所在的基金公司，需要注意的是不能只看基金公司大不大、基金表现好不好，还应关注基金经理在公司中处于什么样的位置、能够获得什么样的资源，或者说这个公司如何提供、提供哪些资源给基金经理，这些资源能否支撑基金经理的投资。

当然，也有一些基金经理不需要外部资源支持，如果他仅持有10只个股，自己就可以分析出来。对于这种基金经理，无须研究以上关于公司支持部分的内容。

四、如何做持仓信息研究

通过持仓信息可以分析基金经理的投资策略。持仓信息揭示的是投资过程，能反映基金经理如何去实现投资结果。比如，某两位基金经理有非常相似的业绩曲线，但他们很可能是通过完全不同的投资方式做到的。一位基金经理可能是通过基本面分析选股做到的，而另外一位基金经理可能是通过量化的方式做到的。他们的投资策略不一样，这是无法通过净值信息分析出来的。只有通过分析基金的持仓信息，才能更深入地了解他们的投资策略，才可以判断未来市场中他们的投资结果能不能有持续、良好的表现。

✤ 分析持仓信息的两个前提

一是要熟悉这些底层的标的（也就是这些股票），如果根本不熟悉股票，就无法分析它的持仓。所以，评价基金经理的能力与投资者自己的底层投资能力是挂钩的。

二是要对投资的基本逻辑和框架有一定的了解。评价基金经理的能力与投资者自己在投资框架和投资逻辑方面的知识储备相关，如果投资者不知道这个世界上有一种叫量化的方法，即使看了这个持仓也无法知道它是如何量化选出来的，可能会以为这就是基本面选出来的股，据此判断他的基本面选股的水平。

✤ 浏览历史持仓

现在有很多种分析持仓的办法。比如，可以直接看历史持仓。如果对这些标的、投资框架和投资逻辑非常了解，只要看了它的持仓，就能知道它的投资逻辑、投资框架和投资策略是什么，不需要进行归因分析、持仓统计、交叉对比，只需要通过这些模型分析统计去验证直觉感受是不是正确的。

✤ 持仓归因模型

持仓归因模型有很多种，如 Brinson 模型[①]、Barra 模型等，这些模型都可以反映出一定的信息，但运用这些模型的前提是了解它的投资策略、投资思路，没有这个前提就无法运用这些模型进行分析。因为这些模型都有一个输入变量，是与其投资策略相关的一些内容。

✤ 持仓统计分析

基金经理购买个股进入十大重仓后，多久之后卖掉？持仓的时间是多久？持仓期间涨了多少，收益率是多少？持仓期间公司的收益率是多少？公司业绩的增长率是多少？公司出现了什么样的基本面变化？这些都是持仓统计分析要掌握的信息。

✤ 持仓交叉对比分析

还有一些方法，如通过其他基金的持仓交叉对比；比如已经判断出某只基金非常好，可以通过这只基金的持仓判断其他基金的持仓是不是好的持仓，这需要用到更严谨的统计方法。

---

① Brinson 模型，是将基金组合收益与基准收益进行比较，两者之间的超额收益再次分解为超额资产配置收益、超额股票选择收益和交互收益三种。

❖ 从基金持仓中能够获得哪些有用信息

1）基金经理的投资风格，包括持股偏好、持股时长、持股操作、布局的时间偏好、集中度等。其中，持股偏好就是判断他的持仓偏向什么行业、什么风格，几个重仓股的持股平均时长是多少。持股操作就是基金经理面临回撤和上涨的时候是怎样做决策的，面临公司基本面发生变化的时候是怎样做决策的。布局的时间偏好就是基金经理喜欢在左侧进场还是在右侧进场，这个公司业绩还没有出来的时候就已经进场了，还是等这个公司业绩出来后进场，又或者是等业绩出来、股票涨了很多后才进场。集中度代表基金经理对他所研究的这些公司的确定性的把握，除了使用前十大重仓股占比指标计算，还有其他统计方式可以计算。

2）基金经理为什么这样投资？他的投资逻辑是什么？最基本的投资逻辑包括6个维度：交易、行业的基本面、个股的基本面、资金博弈、信息和宏观市场。

3）基金经理在不同投资逻辑下的投资能力如何？这一点可以通过一些基金持仓的归因进行分析。

4）基金经理声称的投资与实际投资的匹配程度。比如，基金经理声称自己是长期投资、长期持股，结果你发现他不到一年时间就把所有的持仓换了一遍，又过了不到一年把所有的持仓再换了一遍，很明显他声称的投资与实际投资是不匹配的。这会造成投资中一个严重的问题，就是信任问题。即使这位基金经理的业绩做得很好，他频繁更换的持仓股表现也非常好，但是很难去完全信任他，因为他说的与他做的不一样，完全不知道他接下来会采用什么样的投资方法做日后的投资，很难再继续投资他的产品。

5）可以把可比范畴的同类基金进行比较。比如，要研究一只新能源车基金，可以把全市场新能源车的基金都放在一起比较。不只是新能源车的基金可以拿来比较，市场上还有一些成长性风格主题的基金也可以拿来比较，如半导体基金、光伏基金等。相同投资框架和投资理念的基金，也一样可以拿来比较。比如，两位基金经理都说买的是最好行业的最好个股，但在同时期一位基金经理买了"贵州茅台"，另一位基金经理买了"宁德时代"，那么这两只基金其实是可以拿来比较的。通过这个比较可以看出其中一位基金经理相对另一位基金经理的能力优势在哪里，有可能是对于行业基本面、行业格局的判断非常好，但他可能没有去深挖个股；而另外一位基金经理深挖个股的能力很强，但可能对行业格局的看法不太准确。那么对行业格局看法能力强的这位基金经理，他长期的业绩就有可能比深挖个股的基金经理要好。

五、如何做净值信息研究

净值信息对应的就是投资策略的外显。所有的净值信息都存在于复权单位净值曲线中，这条曲线包括基金经理所有的历史投资结果。我们能做的只是从不同的角度，就是符合自己投资目标的角度去看这条曲线。

应该怎样去看这条曲线呢？直接目测这条曲线也会有一定的感觉，如果研究经验足够多、足够深，不用通过指标就能看出来曲线的好坏，与我们平常不用量身高、称体重就知道一个人的高矮胖瘦是一个道理。

指标能够提供的是一种框架性的思维和更精确的观点。我们通常采用的指标框架是把指标分成四大类：收益类指标、风险类指标、性价比类指标、其他类指标。

✤ 收益类指标

在投资中，收益是指企业或个人对外投资所得的收入，如股利收入、债券利息收入等。还有一种收益叫相对收益，基金经理最看重的就是相对收益，因为这关系到他们的排名和管理规模。

说到相对收益，需要有一个基准。大家都知道业绩比较基准，但这个业绩比较基准是不是真的"基准"？比如，某只基金投资的全是TMT（科技、媒体和通信）行业，但它合同的业绩比较基准用的是中证800，那它是真正的业绩比较基准吗？肯定不是。要想知道相对收益，就要找到基金经理的投资方式所对应的被动指数型基金是什么？跟他一样投资方式的主动投资基金又是什么？通过互相比较获得他的相对收益，而不是只看相对业绩比较基准的收益。

✤风险类指标

衡量风险的指标有很多种，最普遍的一种就是波动率。波动率是收益率的一种数字特征值，即标准差，包含时间跨度和收益率。收益率又进一步可分为连续复利收益率和当期收益率。波动率的计算分为两步：第一步是利用原始数据计算出收益率，进而计算收益的均值；第二步是计算标准差。收益率标准差衡量基金每日收益率相对于平均收益率的偏差程度大小，用于度量基金收益的波动程度，基金标准差越大，相应的风险也就越大。

除标准差外，还有不同的解释风险的办法，最直观的办法就是最大回撤，但最大回撤也未必就是代表了基金经理真正的风险控制能力，因为有些最大回撤是由于主观无法控制的风险造成的，如系统性风险。所以，除了关注最大回撤，也可以关注第二回撤、第三回撤。

✤性价比类指标

常见的性价比类指标是夏普比率。这个比率提供了一种度量，用来衡量投资者在假设投资组合风险的情况下，会获得多少超过无风险利率的收益。

如果投资者在一只基金上承受了1个单位的风险，获得了6个单位的超额收益，在另外一只基金上承受了6个单位的风险，获得了12个单位的超额收益，肯定会选择获得 6 个单位收益的基金，即使基金的绝对收益比较低。这在金融学上是成立的，可以应用杠杆把风险放大，然后就可以承受 6 个单位的风险，获得 36 个单位的超额收益。

众所周知，债基的夏普比率是非常高的，甚至可以达到 5，如果能用无风险利率加杠杆购买债基，用这种投资方式追求高收益就相对较好。

❖ 其他类指标

其他类指标包括一些高阶风险等，如风险偏离问题、波动率问题；还包括一些净值归因的信息。市面上有些风格指数，如成长性指数、中小盘指数，把通过指数就能获取的 β 收益从基金收益中剔除，剩下的收益就是这只基金能够获得的 α 收益，也就是因基金经理的能力所获得的收益。

六、基金净值研究

从基金净值中能够获得哪些有用的信息呢？主要有两方面：

1）基金的历史实际风险偏好。基金的历史实际风险偏好，其实是写在基金风险中的。比如，某只基金涨得非常好，一年涨了 80%，但在某个时间段有一个 10% 的回撤，到底是选择换股还是选择不动，这就是它的风险偏好。

2）基金经理的历史风险控制水平。基金经理的最大回撤能反映这只基金的历史实际风险偏好，实际的风险控制水平由基金经理的最小回撤决定。

风险类的指标往往是可以持续的，这是因为很难在同一投资策略的情况下增加风险暴露，所以风险其实是多个不确定事件中比较确定的一环。投资就是要在不确定性中找到确定性，只有找到确定性的东西，才能产生信任，才能真正赚到钱。

还有两点需要关注，就是基金的历史收益和性价比。虽然这两点很难作为未来参考，但还是有必要分析，因为基金的收益或者基金的历史收益是有动量效应的。假如一只基金今年冲得很好，有动量效应就意味着它下一阶段可能还会继续冲。有人做过研究，基金历史1年或历史2年的收益对未来1个月的收益是有动量效应的，所以经理在过往投资中获取收益的能力也是需要了解的，虽然可以通过基金历史1年或历史2年的收益能力判断它未来1个月的收益，但要警惕的是用过去的样本评价基金未来的表现是不是能够真切地反映未来？因为未来有很多变化因素，如市场因素、投资策略因素等。

第三章
因地制宜——不同行业的投资逻辑

第一节 周期行业投资与研究

一、万物皆周期：什么是周期行业

周期行业主要是与宏观经济周期密切相关的一些行业，比如上游的资源行业（石油、煤炭、有色金属等），中游的传统制造业（机械、建材和化工等）和先进制造业（电子元器件、液晶面板、半导体等）。除此之外，还有一类周期行业，它与宏观经济波动的相关性不是很强，但与产业政策的相关性较强，如以光伏和电动车等为代表的新能源行业。

二、为什么周期行业会出现明显的周期波动

周期行业之所以会出现明显的周期波动，主要还是因为宏观经济周期有一个明显的波动，产业政策也有一个明显的波动。经济周期和产业政策的波动带来这个行业需求的波动，供给和需求之间的一些阶段性的不匹配、错配导致这个行业的周期波动更加明显。为什么供给很多时候会与需求形成一个错配，主要是供给往往滞后于需求，当这个行业的景气度往上走的时候，供

给又跟不上需求的节奏，这个时候行业的景气度往往会量价齐升；当需求开始往下走的时候，供给可能会一下子释放出大量的产能，造成供过于求、量价齐跌，最终导致整个行业出现一个明显的周期波动。

有时候周期波动的属性是非常强烈的。一些新兴行业的周期属性波动也是比较大的，如光伏的多晶硅行业。多晶硅属于光伏的上游行业，它的扩产周期非常长，大概有 18 个月，当行业需求大的时候产能跟不上，当行业需求往下走的时候产能又一下子释放出来，最终导致整个行业的波动性非常大。半导体行业也属于扩产周期比较长的一个重资产的行业，其供需错配也是非常明显的，所以最终导致行业波动幅度很大。

在过去的很多年里，周期行业都是大幅波动的。在我国经济高速增长的时候，周期行业是高增长、高波动，所以投资周期行业主要是自上而下地通过判断行业的景气度做投资，辅之以一个自下而上的选股，周期底部往往是比较好的买入时间点，周期顶部往往是选择卖出的时间点。

三、周期行业的投资方法

与其他行业不同，周期行业估值的参考价值不大。因为在周期底部的时候，估值往往都是非常高的时候，而很多行业和公司业绩基本上都是非常差的；在景气度高点的时候，估值往往会非常低，而很多行业和公司业绩基本上都非常好。

2020 年前后，周期行业的投资方法已经发生了非常大的变化，这是依据我国目前的经济结构性而做出的判断。在我国经济高速增长的时候，伴随着高波动；现在我国经济已经进入一个低速增长的时期，到了存量经济时代，低增长伴随的是低波动，加上供给侧改革、碳中和的长期效应，绝大部分周期行业周期波动的属性都在快速减弱。相反，这个周期行业的很多龙头公司，他们的成长属性是在增强的。这是因为在存量经济时代，很多二三线的小公司不但没有人口红利，还要付出高昂的环保成本，竞争力迅速削弱，而龙头公司可以通过他们的竞争优势快速抢占市场。所以，投资周期行业采用的投资方法是以自下而上的选股为主，然后辅以自上而下的择时。

四、如何选择周期成长股

众所周知，周期行业是一个主要面向企业（To B）的行业，绝大部分周期行业的终端产品的差异化不大，所以这些周期行业之间的竞争主要是成本的竞争。基于此，主要选择成本差异大、成本曲线陡的赛道。以水泥和钢铁行业为例，水泥行业是比较好的周期行业，钢铁行业是比较差的周期行业。为什么会出现这么大的分化？主要还是由成本曲线成本差异决定的。水泥行业的成本曲线比较陡峭，龙头公司和一些二三线公司之间的成本差异比较大。这是由于龙头公司有资源优势、"黄金水道"，规模更大，能耗更低，能够通过成本优势不断发展，不断抢占市场。特别是在行业不景气的时候，他们甚至可以选择逆势扩张抢占市场。钢铁行业在过去的很多年时间里都是一个明显充分竞争的行业，大公司和二三线公司之间的成本差异拉不开距离。其原因在于钢铁公司都要依靠进口铁矿石，而铁矿石占整个钢铁成本的绝大部分。所以，水泥行业是一个"非常好"的赛道，钢铁行业是一个"不太好"的赛道。

像光伏、电动车这种新型行业，也可以通过比较成本来选择赛道。比如，光伏行业的多晶硅、硅片、电池这三个环节都是一些类大众产品，产品之间的差异性不大，所以公司之间的竞争主要是成本的竞争。硅片环节龙头公司的市值之所以最大，就是因为龙头公司和一些二三线公司之间的成本差异非常大，龙头公司的成本优势非常明显，可以逆势扩张抢夺市场。电动车行业也有一些子行业是靠成本取胜的，如隔膜行业。隔膜行业龙头公司和二三线公司之间的产品差异不大，真正差异大的在成本端，毛利率相差 20%~30%。

有一些周期行业的终端产品也是有一些差异的，如消费建材行业的涂料、防水材料、管材，工程机械行业的挖掘机，都带有一定的类消费属性，产品之间的品牌差异还是比较大的。对于这些有产品差异的行业，要通过综合竞争力选择赛道和龙头公司。这个综合竞争力不限于成本，还包括品牌、品质、渠道和服务等。

第二节　新能源汽车行业投资研究

一、新能源汽车的发展历程

了解新能源汽车的发展历程，有助于我们理解目前的新能源汽车行业。全球最早的内燃机汽车是1886年发明的"奔驰"，但实际上最早的电动汽车比这个时间还要早，是在1881年。但是由于当时电动汽车用的是铅酸电池，续航太短，体积和质量太大，在与内燃机汽车的竞争中慢慢被边缘化了。直到20世纪70年代石油危机出现的时候，人们又开始重新思考发展电动汽车。

20世纪90年代，很多汽车企业开始考虑发展氢燃料的电池，但受限于技术和成本，推广受到一定的阻碍。这个行业真正的拐点是在2003年，这一年马斯克通过收购入主了一家电动汽车公司，并且成功地将锂电池运用于汽车行业。2008年，马斯克成功开发出第一款纯电动跑车。

我国看到动力电池技术的发展趋势之后，于2009年提出了"千城示范项目"，号召大力发展电动车。在政策引导之下，很多企业开始进入动力电池领域。由于后来整个行业的发展不是特别顺畅，需求不是特别好，这些企业进入这个行业后效益惨淡。不容忽视的是，虽然这个行业的效益不是特别好，但却为动力电池技术的发展积累了很多经验。

2012年，马斯克开发出了"Model S"，这款汽车是真正意义上量产的纯电动汽车。从2013年开始，我国出台了新能源汽车产业的各项补贴政策，但这个时候汽车企业没有时间准备车型，都是把原来的燃油车改成电动车，也就是我们通常所讲的"油改电"。"油改电"车型的体验感不是特别好，成本也降不下来。由于新能源汽车的补贴特别高，该行业出现了很多骗补的情况。2018年、2019年，国家的政策补贴有一个大幅下降，这个行业开始陷入发展较慢的阶段，行业景气度也出现了短周期的大幅下行。虽然这两年新能源汽车行业不景气，但电池技术的发展还是很快的，成本下降得也特别快，高镍的三元电池就是在这个时候发展起来的。

2019年下半年，欧洲也提出要大力发展电动车，并于2020年大幅提升了相关补贴，还出台了一部关于汽车行业碳排放税的法规，进一步提高了燃油车的成本。

2020年，整个新能源汽车行业出现了一个比较大的拐点。这其中的一个原因是，很多汽车企业开发的纯电动平台的车型开始大量上市，受到了消费者的普遍欢迎。因此，可以说2020年是消费者对新能源汽车行业接受度的一个大拐点。

二、为什么新能源行业与产业政策密切相关

新能源行业与产业政策密切相关，是因为新能源行业在过去的很多年里需要依靠国家补贴政策。由于国家的补贴政策有周期波动性，所以新能源行业作为与产业政策密切相关的行业，也有一定的周期性。随着新能源行业的发展，补贴政策越来越少，新能源行业与产业政策的周期波动开始慢慢减弱。当然，由于新能源行业的一些子行业是类大众商品属性的，还是有明显的周

期属性，如光伏上游的多晶硅行业，电动车上游的锂、钴以及中游的六氟磷酸锂电解液行业。

三、新能源汽车的技术优势

提到电动车，大家可能首先想到的是它环保、加速性能好、加速更平顺、开起来更安静，但实际上电动车还具有成本优势，只是现在电动车的量还比较小、产业链还不够成熟，成本优势体现得不明显。

电动车的成本优势首先体现在制造成本方面。因为电动车的结构比燃油车的结构简单得多，所以具有以下两方面的成本优势：

1）电动车的零部件比燃油车少30%～40%，未来更容易实现模块化，组装效率将非常高。也就是说，电动车除了会增加电池成本，在其他方面的制造成本都会大幅降低，预计2025年左右电动车的制造成本可能会与燃油车实现平价。

2）电动车结构简单，有更大的设计优势。同级别的电动车，它的内部空间比燃油车大很多。反过来说，如果我们想实现同样大小的内部空间，电动车的体积将比燃油车小，能够节省一部分成本。另外，因为电动车结构简单、电比油便宜，所以电动车的维修成本和使用费用也比燃油车低很多。

四、汽车的智能化对汽车行业的影响

随着芯片算力的提升，汽车的智能化也在加速落地。汽车的智能化与电动化之间是相互契合的，因为除了芯片算力的提升，还有一个重大的改变是汽车的电子电器架构。电动车的结构比较简单，所以智能化的电子电器架构的改变更容易实现。可以想象一下，要改变一辆燃油车的架构是很困难的，而在新的平台、新的车型上落实这种智能化改造则是很容易实现的。

智能化对电动化有很大的促进作用。从现在来看，消费者对智能电动车的体验感确实是有了一个很大的提升，并且愿意用更高的价格去购买一辆智能化的电动车。所以，智能化会加速电动化的转型，并能有效提升汽车行业的价值。

五、新能源汽车的发展阶段、发展空间以及未来的成长速度

经过多年的发展和准备，新能源汽车的技术路径已经比较清晰了，确定性也非常高。可以从政策面、需求端、发展空间、消费趋势等方面进行分析。

1）从政策面来讲，我国政府对新能源汽车是大力扶持的，除了前几年有高额的补贴，现在还有一个"双积分"政策，车企可以获得一个不错的收益。在世界范围内，欧盟和美国对新能源汽车的发展也是比较支持的。可以说，全球 2/3 的城市已经启动了电动化的转型。

2）从整个需求端来看，从 2020 年开始，这些新型平台的电动车上市之后，消费者对电动车的接受度发生了一个巨大的变化。从供给端来讲，新能源行业已进入一个全球共振的时段，步入了一个快速的成长期。

3）从行业的发展空间来看，目前的新能源汽车的渗透率即使在 2021 年有 80%~90% 增长的前提下，全球的渗透率仍保持在 7% 左右，由此可见未来的空间还是非常巨大的，至少还有十几倍的空间。未来 4~5 年，复合增速应该在 40% 左右。在空间比较大的主流行业中，这个速度是最快的。

4）从整个消费趋势来看，上文提到消费者对新能源汽车的接受度正在发生一个拐点，从供给端来看，除了中国，欧美的传统车企、未来的互联网企业都会进入这个行业，未来的供给端将会呈现百花齐放的态势，行业趋势是非常明确的。

从整体来讲，新能源汽车行业开始进入一个全球共振的阶段，未来是一个快速的成长期。

六、全球碳中和对新能源汽车行业的影响

碳中和是指国家、企业、产品、活动或个人在一定时间内直接或间接产生的二氧化碳或温室气体排放总量，通过植树造林、节能减排等形式，以抵消自身产生的二氧化碳或温室气体排放量，实现正负抵消，最终达到相对"零排放"。

✣ 碳中和与新能源之间的逻辑关系

提到碳中和，往往首先会想到新能源，所以有必要理清碳中和与新能源之间的逻辑关系。

1）不是由于全球先提出了碳中和，而后才开始发展新能源技术和产业。相反，是由于新能源技术有了一个很大的进步，未来的技术路径比较清晰，全球才会提出碳中和。

2）全球提出碳中和之后，对新能源行业的发展有很大的促进作用。

3）全球在发展碳中和的过程中，对新能源行业会有更多的政策引导和扶持。

4）提出碳中和，有助于凝聚全球共识，有助于促进各国齐心协力地发展新能源产业。

综上，提出碳中和之后，新能源行业的发展会更加顺畅。从投资这个维度来讲，它的确定性会更高。

✣ 全球新能源车企的发展动态

我国目前涌现出很多造车"新势力"，如"理想""小鹏""蔚来"这些品牌的发展势头都非常好。一些传统的车企，包括"比亚迪""五菱"也有很多畅销车型上市。2021年上半年，在我国自主品牌的车企中，新能源的渗

透率达到了 27%。小米、百度等互联网企业也开始介入造车行业。

说到造车，不得不提一下华为。华为虽然可能不会直接造车，但它在新能源汽车电子电器架构方面的能力是非常强的。华为进入汽车行业，有助于我国新能源汽车行业整体水平的提升，也有助于这个行业的快速发展。

欧洲的大部分车企仍然比较传统，转型需求迫切。例如，"大众"的 MEB 平台很成功，ID3、ID4 车型在全球的销量也非常好；"奥迪"承诺在 2025 年后全部新车型是纯电车型；"奔驰"也承诺在 2025 年后所有的车型实现电动化。

美国原来只有"特斯拉"一家车企比较激进，"通用""福特"都比较保守。2021 年，"福特"开始大力转型，把畅销车型"野马""皮卡"拉出来做电动化转型；"通用"也将原来盈利高、销量大的"凯迪拉克"做电动化转型，并承诺在 2030 年实现 50% 渗透率的转型。

韩国的"现代"是比较积极的，推出了新平台的车型，并受到韩国市场的欢迎。

日本的新能源汽车发展较慢，"丰田""本田"的态度还是比较"暧昧"。但在电动车的发展浪潮中，相信这些车企最终也会迎头赶上。

七、新能源汽车行业的竞争格局

新能源汽车行业可以简单地分为上游、中游和下游。上游主要指的是原材料，如锂、钴、镍等；中游主要指电池材料和电池；下游主要指整车制造。

虽然我国上游的资源储量在全球不是特别占优，但龙头企业的资源冶炼能力是全球领先的，在全球资源权益拥有量方面也是比较领先的。

中游的电池是最看好的环节。第一个逻辑是电池环节对应两条主线：第一条主线是新能源汽车，它需要电池；第二条主线是储能，储能需要电池，储能未来的发展空间是非常大的。第二个逻辑是电池环节的竞争格局是最好的。我国的电池企业及电池材料企业在全球处于领先地位，具有较大的技术、规模、成本优势。在电池材料以及电池环节，目前全球2/3的产量都来自我国。可以说，在这一环节，我国的龙头企业就是全球的龙头企业，我国在新能源领域的核心资产就是全球在新能源领域的核心资产。电池这个环节又有更多的细分领域，每一个细分领域的龙头企业都具有很好的投资价值。

相对而言，整车制造环节的前景并不乐观，因为整车的竞争格局不是特别好。传统车企目前还处于一个"左手打右手"的阶段，造车新势力也面临着更多玩家进入的风险。整体来说，未来几年整车制造环节将面临比较激烈的竞争和洗牌。

第三节 科技行业投资研究

一、什么是科技股

网上有个段子说，A股只有两类科技股：一类是"酱香型"，另一类是"浓香型"。一笑之余，大家有没有想过，酿酒工艺确实也利用了微生物科技，为什么不能算科技股？正所谓"名不正则言不顺"，在介绍科技股如何投资之前，有必要先了解什么是科技股。

如果说公司业务与科技有关就算科技股，那么白酒也算，医药、化工、能源、电力、钢铁、汽车、银行、券商也算，A股的90%都是科技股。这显然与大家的普遍认知相悖。战国时代的荀子曾经说过："名无固宜，约之以命。约定俗成谓之宜，异于约则谓不宜。"所以说，命名这件事情要靠约定俗成。

从广义上讲，约定俗成的科技行业通常指的是发展战略性新兴产业，如新一代信息技术、生物技术、新能源、新材料、高端装备、新能源汽车、绿色环保以及航空航天、海洋装备等产业。

从狭义上讲，股票市场约定俗成的科技行业通常是指信息产业，主要包括电子、计算机、通信三大行业。如果把电子、计算机、通信三大行业称作一级行业，往下可以分二级行业、三级行业，其中就包括众多细分行业，如集成电路、分立器件、半导体材料、半导体设备、消费电子、基础软件、行业应用软件、云服务、基础设施即服务（IaaS）、平台即服务（PaaS）、软件即服务（SaaS）、互联网、物联网等。但是不管怎么分，这些细分行业的"根"都在电子计算机通信这三大板块，在技术原理上都能拆解到这三个板块。比如，近两年很火的数字货币行业就可以拆解成计算机领域的分布式数据库、非对称加密算法，以及电子领域里的挖矿机计算芯片。所以，当听到有关科技股的话题，第一反应应该是判断它是不是与这三个板块有关。如果想深入研究科技股，需要找到和学习这三个板块对应的资料。

虽然狭义上的科技股主要指这三个行业，但这三个行业里有些个股的科技含金量可能并不是那么高，做的事情也可能并不是那么难，如一些简单的元器件代加工业务和电子产品组装业务。所以，把广义上和狭义上的科技股结合起来，应该研究和投资的科技股就是电子通信计算机三大行业里具备新兴产业气质的那一批，或者说是含科量高的那一批。

随着科创板的开板和创业板的改革，高科技含量的公司一定会越来越多。因为，股票的背后是产业，A股含科量的提升本质上是我国产业结构调整、向高质量转型发展、建设科技强国的必然结果。回顾近10年来A股科技板块的变化，一个趋势正在显现，从代工模式转向创造模式、从服务转向产品化、从低端制造转向品牌运营。展望下一个10年，我们信心满怀，A股科技板块正处于大爆发的前夜。

二、科技股的特点

每个行业有每个行业的特点，抓住行业的特点，就抓住了行业的主要矛盾，投资起来就更加得心应手。

科技股的第一个特点，如果只用一个词来形容就是"新兴"。"新"是过去没见过，"兴"是势头刚起来。这么多年来，科技股经常讲一些"新故事"，"新故事"一般由新势力、新产品、新模式等因素构成。比如，半导体行业一个典型的"新故事"通常是下面这样的：某芯片下游需求稳中向好，市场空间广阔，过去供给由境外龙头公司把持。现在A股的一个公司（新势力）表示，经过多年的卧薪尝胆，再加上行业机遇，现在也能做（新产品），即将或者已经有了某大客户，未来业绩有望持续快速增长。过段时间，可能又有一家公司也出来讲着相似的故事。为什么科技行业容易讲出这种"新故事"？因为科技行业特别是A股的科技行业还处于行业发展的初期阶段，向上看还有广阔的发展空间有待开垦，并且竞争格局未定，谁都有可能成功。而传统行业由于已经发展到行业的成熟阶段，行业增长空间增速和格局都比较稳了，很难讲出"新故事"，只能依靠公司硬核的业绩增长。

科技股的第二个特点是波动大。由于故事是新的，参与者也是新的，投资者对公司进行研究更多时候面对的是未知局面，公司以往的形象、投资者以往的经验都不能发挥太大的作用。这个时候，市场投资者对股票的看法很难达成一致，容易形成纷乱的预期。比如，面对同一个公司讲的同一个故事，有人认为能讲成，有人认为不能讲成，风险偏好高的人听完就信了，有人非要等到有数据或者有证据才信，有人虽然不信但是认为股价能涨。投资者不容易形成合力，所以股价的表现往往上蹿下跳，呈现出波动大的特点。在牛市，这是个优点；在熊市，这是个缺点。科技股波动大还体现为非线性上涨，就是一旦公司基本面有所突破，公司长期成长的逻辑确定性突然增强之后，股价会短时间内迅速上涨。拉长时间来看，股价的走势会呈现出不断上台阶的现象。

周期股炒供需缺口带来涨价，消费股炒品牌营销带来份额提升，而科技股最有意思的是炒渗透率提升。过去 10 年，大牛股频出的板块都有这个特点。例如，苹果产业链炒的是以"苹果"为代表的智能手机的渗透率提升，当手机整体增速放缓后又开始炒摄像头个数的渗透率提升、炒 TWS 耳机（真无线蓝牙耳机）的渗透率提升。渗透率的提升往往是行业性的，说白了任何一个新行业都有从诞生到成长到成熟再到衰退这样一个过程。市场都想投资成熟以前的诞生阶段和成长阶段，恰恰科技股中这种机会是相对最多的。在行业渗透率提升的早期阶段，要注意竞争格局可能是变化的，所以对行业跟踪、对公司的跟踪有时候比预测更重要。

三、科技股为什么不能"躺赢"

多年来，投资者们可能感受到市场中有一种风气，就是"躺赢"，而科技股给大家的印象却是与"躺赢"无关。这是为什么呢？我们先来看两张表。

表 3-1 列出的是 A 股主要行业指数 2011 年 6 月—2021 年 6 月区间收益率、最大涨幅和最大回撤的情况。消费行业的区间收益率排第一位，最大涨幅也排第一位，并且远大于其他行业，最大回撤反而是最小的。再看信息行业，涨得比消费少，但最大回撤达到了 62.7%，比起消费足足多出 25 个百分点。这个数据也验证了投资者的持股感受，消费、医药行业"躺赢"，而科技行业涨幅没它们多，回撤又比他们大，确实无法"躺赢"。

表 3-1　A 股主要行业指数 2011 年 6 月—2021 年 6 月的表现

指数简称	区间收益率（%）	最大涨幅（%）	最大回撤（%）
300 消费（000912.CSI）	18.8	801.7	38.3
300 医药（000913.CSI）	14.0	417.6	43.5
300 可选（000911.CSI）	8.3	294.1	49.8
300 信息（000915.CSI）	7.4	295.9	62.7
300 金融（000914.CSI）	6.1	157.4	44.2
300 公用（000917.CSI）	2.1	209.6	53.9
300 工业（000910.CSI）	1.9	259.3	64.8
300 材料（000909.CSI）	0.5	188.8	59.6
300 电信（399916.SZ）	0.4	279.4	59.1
300 能源（000908.CSI）	-9.1	104.2	70.8

表 3-2 是美股主要行业指数 2011 年 6 月—2021 年 6 月的表现。信息技术收益率第一，最大涨幅第一，最大回撤排第三（仅次于必需消费和医疗行业），并且在收益率、最大涨幅大幅领先的情况下，回撤也只是多了几个百分点而已，也符合"躺赢"的特征。

表 3-2　美股主要行业指数 2011 年 6 月—2021 年 6 月的表现

指数简称	区间收益率（%）	最大涨幅（%）	最大回撤（%）
标普 500 信息技术	20.3	626.0	31.2
标普 500 非必需消费	16.2	438.2	32.5
标普 500 医疗	13.5	324.3	28.6
标普 500 金融	11.4	320.0	52.3
标普 500 工业	10.5	263.7	42.6
标普 500 必需消费	8.4	150.0	24.7
标普 500 材料	7.8	209.8	39.8
标普 500 房地产	7.5	163.0	45.3
标普 500 通信设备	7.1	131.2	28.8
标普 500 公共事业	6.6	134.8	36.6
标普 500 能源	-3.0	133.6	75.6

为什么美股科技股体现出与 A 股消费和医药股相同的特征？这是同样的产业在不同区域市场发展阶段的不同导致的。A 股消费行业发展的时间长，相对比较成熟，行业竞争格局好，龙头公司地位显著。美股的科技行业发展的时间也很长，相对也比较成熟，行业竞争格局非常好，不少龙头公司在其所在领域几乎是处于引领地位，他们的股票自然也体现出"躺赢"的特征。

A 股的科技行业还在快速发展阶段，竞争格局还不太稳定，龙头的属性还有待加强。因此，科技股行业的股票投资就需要储备更丰富的知识，需要更快速的学习能力，总之一句话就是更累，更加考验投资者的专业程度。但是，也不用对 A 股科技股失去信心，因为随着我国经济结构的转型，随着科技强国越来越深入人心，随着上市公司的科技含量越来越高，科技龙头"躺赢"的那一天也许不远了。

四、科技股投资的一条重要曲线

相比其他板块，科技股炒主题、炒概念的行情时有发生，以至有些投资者认为科技股就炒主题、炒概念，不用看基本面"瞎炒"，这种看法是有失偏颇的。

我们用图 3-1 来回答，图中的曲线叫盖特纳技术成熟度曲线（Gartner Hype Cycle），也叫炒作周期曲线。

盖特纳技术成熟度曲线描述的是公众对新技术、新概念的期望随时间变化的情况，它一般分为启动期、过热期、谷底期、复苏期、成熟期五个阶段。

在新技术诞生阶段，随着媒体的大肆报道、非理性的情绪渲染、各类科技明星的代言，新技术的知名度迅速打开，公众对它的期望迅速爬升，在很短的时间内就爬到了一个期望的峰值。人的期望是一种心理活动，像孙悟空的筋斗云一样电光火石之间就可以远去十万八千里，而技术的进步、产业的发展、公司的经营却需要像唐僧那样一步一步走出来。当期望跑得太快，就

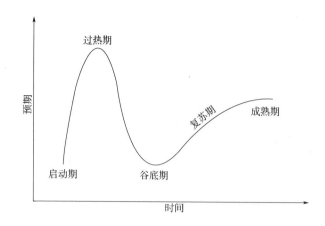

图 3-1 盖特纳技术成熟度曲线

很可能会带来失望,也就是所谓的泡沫和泡沫的破裂。泡沫破裂之后,公众的期望值不断下滑,最终滑落到一个失望情绪的谷底。之后,经过不懈的努力以及运气的加持,在历经前面阶段后存活下来的玩家或者新的玩家再次推动着新的技术找到生存之道并逐渐成长起来,从而进入稳步爬升的复苏期。在这个过程中,新技术被市场实际接受,供给创造需求,不断地演进迭代,最终进入非常成熟的阶段。

五、科技股的两种类型

看完盖特纳技术成熟度曲线,再联想到一些股票的走势,不难明白,所谓的炒作主题,往往就是曲线里开始的这个阶段。市场环境好,投资者情绪高的时候喜欢炒新故事,而科技行业是最不缺新故事的,所以相对其他行业更容易体现出主题炒作的特点。还有一点是,科技行业公司多,小市值公司也多,在一些资金的关注下也容易被炒作起来。有一个比喻,主题股就像风筝,自己飞不起来,必须得有人牵着、迎着风。主题股不是不能炒,事后看主题股有时涨幅不小,但炒作主题股对投资者的投资水平要求高,特别是对交易水平的要求高,要抓住主题投资的机会,毕竟科技股投资的主力阵营还是科技成长股。

如果把主题股比作风筝，那么成长股就是飞机。飞机通常都有确定的航线，而成长期的公司一般都有确定的行业赛道，公司的发展是有迹可循的。飞机有发动机，只要自然环境不是太恶劣就能飞，而成长期的公司有其确定的增长动力源，或者商业模式。飞机有机组人员，公司有管理层，好的机组人员可以让飞行更稳健、更安全，好的管理层也可以让公司成长得更稳健。飞机的飞行可跟踪、可预测，成长期的公司也可以用财务学管理学的方法来研究，有常用的数据可跟踪、可考察，如收入、利润、毛利率、费用率等。所以，当投资者分不清主题股和成长股的时候，想想风筝和飞机的区别可能就恍然大悟了。

六、科技股的估值为什么贵，能买吗

很多投资者都有一个感觉，科技股的估值比消费、制造等板块的股票贵。那么，科技股的估值为什么贵？

我们在平时生活中经常说某产品虽然好但是很贵，但贵不是产品的问题，而是消费者的问题。不妨借用一下这个说法，科技股贵未必是公司的原因，而可能是投资者的原因。首先，好东西通常都不便宜，消费者也好，投资者也好，都愿意为好的产品、好的公司付出更多的成本。科技股的好，一方面体现在增速高，另一方面体现在所处的细分领域有稀缺性。本质上是因为投资者认为科技股有广阔的成长空间、较高的增长速度，能够能消化掉高估值。其次，科技股多出自新兴产业，历史数据不多，投资者可以借鉴的经验值不多，但未来想象空间又够大，只要短期没有出现证伪公司逻辑的事情，投资者对于公司的未来容易产生美好的期待，甚至到了牛市阶段往往股价越涨对公司的期待越高，最终可能会因为期待太高出现货不对板的结果。

根据股价=每股盈利×市盈率（$P = EPS \times PE$）这个公式，我们把影响股价的因素分为盈利和估值两个维度来考察。历史经验表明，估值对科技股股价的影响更大。2013—2015年的牛市，很多公司的市盈率虽然炒到了上百倍，提升幅度高达几倍甚至几十倍，但他们的业绩增速连翻倍甚至增长都很难，以至于当时流行一个词叫"市梦率"，已经不是按照公司的实际的盈利能力估值了，而是按照公司的梦想或者投资者的梦想来估值。最后的结果是什么，想必每个人都知道了。

科技股是否能买的判断依据如下：

第一，看它是否已经到了明显透支的阶段，如市盈率很高，市值也已经大到难以解释的程度，同时市场的关注度极高，但是新进的买入者对于公司的基本面并不清楚，更多的是因为股票涨了而买入股票。

第二，如果它的市值相比远期还有较大空间，同时公司的发展逻辑如市场空间、公司竞争力没有被证伪，短期增速又比较快且确定，那么贵没关系，买入并持有，用增长消化掉短期的高估值。比如，一个公司当前有50倍的市盈率，次年预期有100%的利润增长，那么到了次年就只有25倍的市盈率了；如果看第三年还有100%的利润增长，那么后年就只有10倍的市盈率了。当然，上面的数字是为了方便说明而假设的，在实际的研究和投资中，我们只要抓住行业空间和公司竞争力这两个"牛鼻子"就可以牵住牛股了。

七、科技股中的牛股基因

首先我们看一下过去十几年间科技行业里涨幅第一的个股。这是一家电子行业的公司，2010年下半年上市以来最高涨幅接近100倍。这个公司起家的业务是电子行业里的零组件制造业务，主要产品是精密连接器、充电线，主要客户是电子代工大厂，最终的客户是消费电子产品。当时，智能手机还未兴起，消费电子的主力是个人台式电脑或者笔记本。根据该公司2010年年报中披露的数据，电脑连接器占公司主要收入的64%，消费电子相关收入占比36%。2010年前后是智能手机行业爆发性增长的起点，往后10年仅出货量就增长了3~4倍。用我们之前讲过的知识点来说，智能手机是当时稳稳的新兴产业：带触摸屏，可以播放视频、拍照、安装程序，这是前所未有的；刚起势，智能手机在全球16亿部手机中的占比仅有19%。这家公司现在的大客户当年的出货量还不到当前年出货量的1/4，全球市占率只有约2%，当时排在它前面的四家公司中有三家要么退出了手机行业，要么勉强维持生存。

前文提到科技行业的特点是行业格局不稳定、波动大，但这家公司的管理层非常优秀，很早把握住了智能手机渗透率提升的历史性机遇，不断地做大相关业务。到2015年，消费电子占该公司收入的比重超过了电脑业务，成为公司最大的收入来源，并保持到现在。这其中又分为两个阶段：2010—2015年，消费电子增长了10倍；2015—2020年，由于公司从消费电子的零件业务切到组装业务，收入体量又爆发性增长了近20倍。看完该公司的基本面，再来看它股价的走势：从区间低点到高点，粗略计算第一个5年股价涨了约9倍，第二个5年股价也涨了约9倍。

再来看该公司过去的估值表现。该公司历史上每年估值的平均水平为35~60倍的市盈率，当年度的最低估值为20多倍的市盈率，好一点的年份则有40倍的市盈率，而高点则到了50~70倍的市盈率。这个估值水平相对市场总体水平来说是较高的，但也不是市场最高的区间，同时业绩又能保持相对高速和稳定的增长，没有出现过一年高速增长、一年大幅下滑这种情况。所以，正如我们前面说过的，当年的高估值会被日后的高增速消化。在这种情况下，就不要怕估值高，回头看过去10年买入并持有或许是一种好的策略。

这个大牛股背后的逻辑，除了优秀的管理层这种不容易量化的逻辑之外，显而易见的是新型消费电子行业渗透率提升的逻辑，叠加公司在客户中承揽的业务量渗透率的提升。手机行业的发展就充分体现了这一规律，2010年和2009年全球手机设备销售到终端用户统计见表3-3。

表 3-3　2010 年和 2009 年全球手机设备销售到终端用户统计

公司	2010 年用户数（千）	2010 年市场占有率（%）	2009 年用户数（千）	2009 年市场占有率（%）
诺基亚	461 318.2	28.9	440 881.6	36.4
三星	281 065.8	17.6	235 772.0	19.5
LG	114 154.6	7.1	121 972.1	10.1
黑莓	47 451.6	3.0	34 346.6	2.8
苹果	46 598.3	2.9	24 889.7	2.1
索尼爱立信	41 819.2	2.6	54 956.6	4.5
摩托罗拉	38 553.7	2.4	58 475.2	4.8
中兴	28 768.7	1.8	16 026.1	1.3
宏达	24 688.4	1.5	10 811.9	0.9
华为	23 814.7	1.5	13 490.6	1.1
其他	488 569.3	30.6	199 617.2	16.5
总计	1 596 802.4	100.0	1 211 239.6	100.0

注：数据来源于 Gartner。

八、弱势科技股的众生相

"牛股都是相似的，不牛的股各有各的问题"，有基本面不好的，有股东或者管理层出问题的，有主题炒作过度透支要长期还债的……这里主要围绕基本面分析几个典型的例子。

第一类是公司竞争力不错，但行业成长空间不足。例如，某芯片公司的主要产品是手机里的生物信息识别芯片，与安全相关。该公司在细分行业里技术领先、份额最大，往往是市场上第一个对外推出产品的，所以当它的新产品刚问世，而下游客户应用这个新产品的渗透率还比较低的时候，公司当年的收入利润就实现了爆发性增长，收入增速超过 70%，利润增速超过 200%，股价涨幅超过 150%，高峰时市值超过 1000 亿元。随着渗透率迅速提升至饱和，再遇到下游行业增长放缓，该公司第二年的收入增速放缓至零附近，利润降幅接近30%，股价跌了接近25%，2021年半年以来跌幅也达到约25%，当前的股价已经不及上一年高点时候的1/3。这样的暴跌是很难承受的，尤其是在芯片行业这两年牛股辈出的时候。所以，买入细分行业的龙头公司也不一定就能高枕无忧，还要看看所处行业的变化。同样，虽然该公司最近跌了不少，但是如果行业的基本面又复苏了或者打开了增长的天花板限制，极有可能再次回到增长的快车道上。

第二类是行业发展较好，但公司竞争力不行。这种类型在科技股里的能见度更高。特别是在新兴行业刚启动的时候，行业形势看上去一片大好，所有的公司股价可能都在涨，但是一旦行业景气度向下回落的时候就一地鸡毛，有些是骗子公司，有些是调子起得太高兑现不了，有些是步子迈得太大把自己拖垮了。典型的就是2013—2015年的那轮"互联网+"的行情。现在我们看到当时的互联网切入造车的龙头股、互联网教育的龙头股、互联网金融的一些公司，现在要么是大跌，要么是退市。回头看，"互联网+"、电动车、教育、金融都是好的赛道，也确实走出了一批牛股，但是如果公司的竞争力不能持续，最后还是会被产业的浪潮无情抛弃。当然这些个股当年也是妥妥的大牛股，投资者参与得及时也是能赚到钱的。这再一次提示我们科技股投资的难度，不但要考虑选股，还要考虑择时。

九、科技股行情的演进

说到择时，需要看一下科技股行情一般是怎么演进的，或者说科技股行情的节奏一般是什么样的。

首先，在行情起步阶段，业绩趋势往往是由差向好的。这也回答了一个问题，即科技股是不是不用看业绩。历史经验表明，还是要看的，特别是在起步阶段。因为很多科技股还在成长初级阶段，公司体量不大，业绩基数不高，同比增速容易显得很快。我们认为，不必过分地较真这件事情，只要增速够快，投资者就容易认同公司的长期逻辑，而投资科技股更多地也是投资它的长期空间，而不是看当下的一城一地。新兴行业的看点在未来，在市场情绪特别高的时期，二级市场的投资者抬头看天比低头看路更容易享受到行情的红利。

其次，历史上每一轮科技股的大行情最终都是由估值驱动的，业绩只是起点火和助推的作用，业绩不容易在短期内翻倍增长，但是估值来源于投资者的主观认知和行为，很容易在短期内翻倍增长。这一点在牛市的中后期体现得特别明显。

再次，每一轮大行情都有一个鲜明的新主题，如上一轮的"互联网+"，后面的"半导体""华为"等概念。每一轮与前一轮牛市的主题都有所不同，这是与其他行业有区别的地方，需要格外注意。同样的故事，如果不是公司的基本面真正地显著改善了，比如前面提过的风筝变成了实实在在的飞机，那么同样的主题很难再炒作第二遍。如果前几年炒过的主题真正有基本面推动了，那可能就是一轮值得参与的大行情的机会。所以，一定要辨别清楚行情的性质，采用合适的方法来应对。

最后，股价最终会因为对未来的透支而回落。科技股是特别容易出现泡沫的板块，因为科技股涨的时候，市场更多的是关注长期逻辑，这个逻辑很有迷惑性，可能会掩盖短期的透支行为。然而历史经验表明，股票不可能永远涨，一旦透支到一定程度也是要回调的，如果遇到长期逻辑被短期的利空事件证伪，特别是公司的竞争力被证伪，那么下跌的幅度可能是巨大的。所以，投资者在"畅饮美酒"的时候一定要看清里面的泡沫。

十、未来5~10年看好的方向

前面相当于给各位投资者提供了"锄头""铁锹"等工具，现在要看一下哪里有"宝藏"值得去探索。

未来5~10年看好的第一个大方向是物联网。过去10年科技行业的推手主要来自手机，未来10年应该是物联网。万物互联不仅对应成百上千倍的连接数量，也给终端的电子制造业带来了新的广阔机会，同时如此多的终端连入网络之后也会产生和采集大量的数据，需要容量更大、运行更快、效率更高的连接网络，而大量的数据需要依托云计算、AI等计算机技术进行处理分析，从海量的数据中得出有价值的结果从而指导新的商业模式。就好比智能手机造就了移动互联网，造就了"腾讯""阿里""美团"等一大批巨无霸企业。从纵向看，物联网包括底层传感器、传输网络、云端处理层、边缘计算；从横向看，物联网包括车联网（智能汽车）、工业互联网、智能家居、可穿戴设备、AR/VR、机器人等。错过了过去10年互联网的机会，一定不要错过物联网的大时代。

如果说物联的主要作用是从实体世界中产生数据和用数据来影响实体世界，那么虚拟现实、数字地球、元宇宙、数字孪生、区块链这类更软、更虚的纯线上产业将可能给人类社会带来更大的冲击和改变。好在这个行业目前还处于早期阶段，我们有足够的时间对它进行观察。

现实一点来讲，我们看好微笑曲线的两头：上游的核心器件，下游的国产品牌。2010年，国内还在谈论IT产业缺芯少屏，现在我们的液晶屏幕产业已经站在了世界前列，在LED显示、激光投影、智能微投等新型显示领域也是行业的先行者。近几年由于国际形势的变化，政府、产业界、资本市场在同心协力地加速芯片国产化的步伐，技术的进步和产能的增长日新月异，虽然当前在技术上还有一些卡脖子的环节，但我们相信实现赶超只是时间问题。最近几年兴起的消费电子行业是中国品牌诞生的沃土，手机行业全球前六中有四个是中国品牌，无人机行业的领导者是中国企业，可穿戴设备、智能微投、扫地机器人、智慧屏等产业中国品牌都站在全球的前列。将来，太空产业、深海产业、高端装备制造业也一定会有中国企业的高大身影。

第四节 医药行业投资研究

一、医药行业的特点

医药行业的特点是强监管、行政壁垒高、受宏观经济影响较小。2017年，中共中央办公厅、国务院办公厅发布了《关于深化审评审批制度改革鼓励药品医疗器械创新的意见》，国家药品监督管理局（以下简称"药监总局"）也发布了《关于仿制药质量和疗效一致性评价工作有关事项的公告》。国内医药进入新发展阶段，医药政策引导创新药快速发展，仿制药质量提升。

2018年国家医疗保障局（以下简称"国家医保局"）成立后，医保买方地位更加强势，医保资金管控精细化。国家医保局相继启动了药品和高值耗材的带量采购，仿制药和同质化器械利润大幅下降，同时创新药纳入医保常态化，创新药回报周期缩短，政策引导企业向创新要效益，医药行业进入高质量发展阶段。

医药行业包括7个子行业：化学原料药、化学制剂、中成药、生物药、医疗器械、医疗服务、医药流通。

1）化学原料药的供给弹性比较大，一旦价格上升，供应量也会快速上升，价格波动大。因此，化学原料药偏周期性，处于产业链的上游。随着仿制药一致性评价的启动，化学原料药和制剂一体化成本优势凸显，化学原料药的地位有所提升。

2）化学制剂有仿制药和创新药两类。仿制药一致性评价启动后，仿制药利润下降成长性变差。只有依靠系列化产品，做到成本领先，才能取得优势。创新药则是政策重点支持的方向，在审评审批和支付报销方面都有优势，企业回收研发成本的周期大幅缩短，也是医药投资的主要方向之一。

3）中成药有非处方药和处方药。非处方药中，成药同类产品较多，整体竞争激烈，独家产品有一定优势，少数强品牌具备提价能力，产品生命周期相对较长。中成药、处方药主要在医院销售，老产品面临一定控费压力，相关企业必须加大研发投入，推出新产品进行迭代。

4）生物药有资源属性的血制品、疫苗，成熟产品有胰岛素、仿制药单抗、生长激素等，还有创新性双抗、细胞基因治疗。创新生物是企业重点投入方向，国内也处在快速发展阶段，近年来国内企业有多种创新生物药获批。

5）医疗器械种类较多，包括制药装备、低值耗材、高值耗材、体外诊断、医院设备等。各个领域的成长周期差别较大，比如制药装备与药厂的GMP（药品生产质量管理规范），改造周期相关性较高，呈现一定的周期属性。相关企业也在进行业务拓展，进入一些成长性更好的耗材领域。随着器械带量采购施行，国产份额低、渗透率低的领域成长性更好，包括部分高值耗材、自费属性的一些器械。

6）医疗服务。分为专科医疗和综合医疗。专科医疗可复制性强，侧重管理和品牌，综合医疗更依赖医生资源，民营医疗优势领域在专科。专科医疗分为眼科、口腔、植发、肿瘤等，从经营数据来看，眼科和口腔具有较强的品牌壁垒，单店盈利能力强。民营医疗在细分领域通过仪器设备和服务取得一定优势，作为公立医疗的重要补充，长期看将受益于供给端价格改革和国内老龄化需求拉动。

7）医药流通。包括医药分销和医药零售。医药分销主要看规模，国内医药分销集中度较高，已经形成了若干全国和区域龙头。随着国内药品价格下降，整体分销规模增速和医药工业增速趋同，成长性一般，市场增量主要看管理效益提升和增值服务。医药零售集中度较低，上市公司依靠资金和管理优势不断并购，市场集中度逐步提高。此外，在处方外流背景下，零售将逐步承接医院处方外流，医药零售处在较快发展阶段。

医药行业是强监管行业，关系国计民生，和老百姓的生命健康密切相关。我国属于全民医保体系，2020年医保支出占卫生总费用的29%。国家医保局负责医保资金的支出以及药品和器械的招标定价，对医药产业的影响非常大。

医药行业也是高壁垒的行业，主要体现在药品器械的研发周期长、投入大、风险高。以药品为例，国际上一般有"十亿美元十年做一个创新药"的规律，可见药品的壁垒之高。但如果创新药成功上市，并成为重磅产品，年销售额将很有可能超过十亿美元，企业能快速回收成本。这也是驱动医药行业进步发展的一个良性规律。

生老病死是人的自然规律，医药产品属于刚需产品。随着人口老龄化的加剧，医药产业仍将保持较快增长。从全球对比看，我国卫生费用占国内生产总值比重处在较低水平，对于高质量医药产品的需求还很旺盛。所以，医药是成长性行业。

医药的细分领域较多。前面也提到了，有些领域处在下降期，如仿制药；有些领域处在低速增长期，如医药流通；创新药、创新器械、医疗服务则处在快速成长期。

二、医药行业长期投资价值

医药行业具备长期投资价值，主要原因是供给端的创新驱动。国内企业研发创新能力持续提升，越来越多创新药、创新器械获批，医药行业供应质量提升，高质量产品意味着更高价值、市场总量扩容。

随着国内经济水平的提升，老百姓支付能力日益提高，对高质量产品和服务的需求快速增长，人口老龄化社会也会催生医药需求。短期看医药投资，还是选择高景气领域进行投资。目前看，高景气的领域包括创新药、医药研发外包、医疗器械、医药消费、疫苗等。医药行业细分领域差异大，即使同一细分公司的产品和业务也不一样。

三、医药行业的研究方法

医药行业的研究方法主要是自下而上。

1）要研究政策，包括行业监管政策、新药审评审批政策等。医保支付报销会影响行业走向，要明白持仓公司对政策的敏感度，这些需要长期积累。比如，国家药品审评中心（CDE）发布了《以临床价值为导向的抗肿瘤药物临床研发指导原则（征求意见稿）》，提出选择阳性药物作为对照组时，应尽量为受试者提供临床实践中最佳治疗方式/药物，而不应为提高临床试验成功率和试验效率选择安全有效性不确定或已被更优的药物所替代的治疗手段；当有BSC（最佳支持治疗）时，应优先选择BSC作为对照，而非安慰剂。该意见稿的核心是规范肿瘤药临床，要以临床价值为导向提升患者治疗获益，市场担心派生药（Me-too药）受到限制，影响制药企业的研发投入及研发外包CXO（医药外包）公司业务。其实这些都是误读，规范的头部制药企业已经在执行该类规则，影响很小。

2）要研究跟踪个股经营情况等基本面是驱动个股的主要原因。科创板开通后，更多的盈利弱甚至无盈利公司上市，行业业态更加丰富，对企业价值评估的要求更高，要深入判断公司的研发能力、产品潜力等。

对研发能力的判断主要是通过公司历年的研发投入和强度在行业内的投入水平、研发负责人的过往经验等综合因素；产品潜力主要看产品治疗的市场空间、产品竞争格局、产品临床数据及同类产品比较。

投资方面应立足公司基本面，选择研发能力和产品竞争力强、管理水平优秀或者商业模式突出的企业。

评价商业模式的财务指标，包括稳定的净资产收益率（ROE）、合理的利润率、复制扩张能力。例如，综合医院更依赖医生的专业和经验；专科医院对医生的依赖性没那么强，对设备和医院品牌的依赖性更强，复制扩张相对容易。

四、医药股的投资逻辑

对于投资者来说，专科医院的商业模式更优，客观指标包括研发投入强度、净资产收益率（ROE）水平、3~5年业绩成长性、现金流等，主观指标则主要包括所属行业竞争格局、公司的行业地位、管理层能力。

先综合各种指标选择壁垒高、成长性好的公司，再以合理价格买入股票。在投资研究中要注重总结分析，若投资失败要分析原因，包括公司业绩增速放缓、研发进度落后、市场竞争格局恶化以及市场风格变化等。目前来看，市场风格往往不是最重要的，投资失败的主要原因还是公司成长性偏弱，市场最缺乏的还是成长性公司。

基金经理的交易经验也在不断积累和提高，如有的基金经理采取的方法是不择时、花时间选好个股，平时会在持仓个股之间进行仓位调整。如果估值没到离谱的程度，会持续拿着成长股，而涨幅不及市场平均股票。这时，要分析是不是自己的逻辑有问题。不论是股票历史较长的欧美市场，还是国内市场医药板块，都是产生长线牛股的沃土。

以A股为例。2011年4月—2021年4月，A股涨幅排在前50的股票中，有18只为医药股，占比36%，排名第一。主要原因如下：一是医药公司的业绩稳定，基本保持较快增长，如果阶段性新产品放量增速会更快；二是医药行业公司业绩可持续性比较强，整体看产品竞争力或者管理水平较强，壁垒较高，能确保业绩不会大起大落。

医药企业每年业绩复利成长，累积的收益是非常可观的，所以说医药行业也是时间的朋友。未来主要看好以下方向：创新药、医药研发外包服务、医疗器械、疫苗。主要逻辑如下：

1）政策鼓励创新药，仿制药市场萎缩。国内创新药市场处在快速成长阶段，国内企业厚积薄发已到收获期，也有很多投资标的、研发外包服务。

2）由于国内的工程师红利和效率优势，全球医药研发外包向我国转移，国内创新药市场投融资旺盛，创新药公司加大创新药投入。

3）研发外包内需非常大，医疗器械增速快于药品增长，国内器械占医药比重偏低、成长性好。成熟的产品（如冠脉支架、骨科耗材）面临集采压力，要规避相对成熟的细分领域，寻找国产处在快速成长阶段、份额低的新兴领域，如外周介入、神经介入、瓣膜、电生理、肿瘤早筛等。

4）疫苗行业逻辑是大单品驱动，国内疫苗行业正处在大单品爆发阶段，如宫颈癌疫苗、13价肺炎、二倍体狂苗、多联苗等。目前较引人关注的是新冠疫苗的巨额利润，虽然新冠疫苗利润的可持续性不好判断，但是收获的利润能快速地补充产品线增强研发实力，有助于提升企业的长期竞争力。

第五节　消费行业投资研究

2015年后，食品饮料包括白酒行业出现了一波比较大的牛市。

一、判断消费行业的通用研究方法

可以首先看经济周期、产业周期、产品周期和库存周期这四个周期的情况。

1）经济周期。因为消费行业与经济效益度的关系是很密切的，经济好的时候消费者的收入提高，人均可支配收入的提高必然会带来消费支出的增加。所以，经济效益好的时候，消费行业处于一个上升的趋势。

2）产业周期。产业周期是指消费行业里的细分板块、细分行业处于一个什么样的过程。比如，近年来啤酒行业正在从两三元钱的产品不断升级到五六元钱、八九元钱的产品价格带，处于整个行业升级的阶段。

3）产品周期。这个产品的生命周期是在一个比较前端的位置，还是在一个比较后端的位置。

4）库存周期。库存直接影响公司的业绩，是验证终端需求的非常重要的变量。

当这四个周期出现比较大的正向共振的时候，就会出现一个非常大的投资机会，经济好的时候行业向上走，整个行业处于消费升级的过程中时利润率往上走。当产品处于生命周期极度爆发的过程中时，又是一个非常好的阶段。产品卖得好，库存就会降低，会形成一个非常良性的过程。

如果这四个周期叠加在整体非常好的趋势，就会具备非常大的想象动能。如果这四个周期出现了一些错配的情况，比如经济周期与库存周期出现了错配，就会发现经济不好的时候库存高了，此时就会影响上市公司的业绩，因为货卖得少了。但是在这个时候如果发现消费升级的趋势还在继续，产品的生命周期还处于非常好的过程中，只是当前的宏观环境暂时影响了产品需求，这样的阶段性错配可能会导致一些公司经营能力的阶段性下降和股价的回调。从长周期的角度来看，这个错配点往往也是需要更多地进行配置或研究的好时间点。因此，这四个周期是我们研究消费行业时非常重要的内容。

二、研究核心变量

消费行业的研究壁垒其实是非常高的，特别是细分的行业，如白酒、一些新兴的商业模式和商业业态，并不能简单地只看品牌、产品、渠道这三个要素。每一个子行业、每一个公司的商业模式都是不一样的，所以它的核心变量也不一样。

到底是品牌重要，还是产品重要，还是渠道重要？我们认为，不论是品牌还是渠道，最终都要归于产品。有了产品之后，才有可能造出品牌；把产品运作好之后，品牌的知名度才能够进一步提升。可以说，没有产品何来品牌，产品和品牌是一个先后顺序的问题。产品和渠道也是一样的，需要先有产品，如果连产品都没有，渠道卖什么呢？至于如何卖好产品，就涉及营销层面了。

当一个产品推出之后，如果是一个爆品，这个产品周期可能会拉得非常长。产品周期是决定公司能够走多远的一个非常关键的变量。产品生命周期的长短直接决定了品牌的高度、渠道的建设。

产品的运作需要营销队伍与渠道结合，通过非常好的营销的方式、营销模式把产品卖得更好。从这个角度来说，品牌、产品、渠道三要素中最核心的其实也是产品。品牌达到一个高度并不是生来就有的，而是通过产品与渠道之间的合作，是一个品牌力不断提高的过程。

当品牌成熟以后，我们需要关注产品是否具备提价的能力，提价的周期是什么样的。

三、买消费行业的时候在买什么

我们都知道，个人财富一般以现金和各种资产的形式存在，资产包括理财产品、股票、房产等。

资产和现金有什么差别呢？资产有升值预期，同时还能获得孳息。而现金有一个天敌就是通胀，现金会因为通胀持续贬值，使得购买力变差。

那我们从风险最小的资产开始投资，第一步就是在银行存款。如果认为银行存款利息太低，可以进阶一点，买一些优质的理财产品。这虽然是一种不错的方式，但是近几年出现了一个明显的趋势，那就是优质理财产品的收益率在持续下降，消费者物价指数（CPI）却每年都在稳定增长，简单来说就是物价在持续上涨。如果我们只持有理财产品对抗通胀，可以用一个简单的公式（余额宝收益率 – CPI）计算一下这样做的结果。因为余额宝的收益率在持续下降，而 CPI 一直在往上走，所以这个得数是不断减小的，当结果为负值的时候，就意味着我们的财富是在缩水的。只有持有能升息和升值预期的资产，才能更好地抵抗 CPI。而大消费行业类的优质公司，因为长期业绩稳健常年保持好的分红，恰恰就是我们寻找的有升息和升值预期的资产。这个升值预期是指这一类公司因为业绩稳健，股价会随着业绩增长和估值抬升而增长。所以买消费行业的时候，是在买一个收益率比较稳健、可以更好地抵抗通胀的资产。

四、各种"锚"是指什么

大家喜欢用"锚"来形容各个行业里的龙头公司，这个本质就是大家承认了一个事实，"锚"已经变成优秀的标杆，恰好这个"锚"就是我们大消费的公司，也就是消费板块的代言人。

为什么大家热衷于找各个行业的"锚"呢？其实本质上是在找一种可以抵抗通胀的好资产。那么，"锚"的本质是什么？资金总是要去追逐一些好的生息资产，这一类资产有一些共性：成长性好、净资产收益率高、现金流好。从较长时间维度看，这样的资产无风险收益率将持续下降，资金越喜欢追逐，这类资产估值就会越高。

我们还可以把这种现象简单地概括为"你若盛开，清风自来"。意思就是说无论哪个行业，只要具备这三个优点，资金总会来追逐。了解了这一点，我们就可以不用过分担心短期的宏观因素、市场因素。只要手上拿的资产足够优质，就不必担心短期波动。

五、构建消费组合

按照人的需求层次，从基本需求、进阶需求、情感需求这些大类上选择细分行业，再从细分行业里按照是否有竞争优势、是否会消费升级、是否能够实现国产替代这几个条件筛选个股，然后集中持仓。这些挑选出来的个股，无论是在哪个细分赛道的公司，都必须符合我们说的"锚"的三个指标：高成长性、高净资产收益率、现金流很好。

也就是说，无论我们怎样挑选行业、挑选公司都要寻找"锚"的本质。举个例子，从需求层次来选行业，基本需求就是饮食，进阶需求就是娱乐、购物，情感需求就是美。所以，这几个板块是我们集中配置的，尤其是食品饮料，其中包括白酒、啤酒、功能饮料、调味品、乳制品等，然后从这些细分行业里按照竞争力强、产品在升级、能够国产替代等几个维度筛选出熟悉的龙头。间接需求就是娱乐、购物等，很典型的就是免税。情感需求就是医美、宠物等。

六、为什么大家喜欢配置"白酒"

在消费行业里，白酒是最好的品种之一。

1）白酒是一种非常特殊的商品，特殊在时间越久越值钱。这是其他商品不可比拟的，因为技术资金、土地、劳动力等各要素都无法替代时间。可以说，白酒这个物体只是一种现象，而本质是时间的价值。

2）"白酒"符合前面提到的选股思路。食品饮料子行业符合三个要素，也就是之前所说的高成长性、高净资产收益率、现金流很好。也不用那么辛苦地去寻找各种"锚"，因为真"锚"就在这个行业。

3）"白酒"的估值并不高。有人认为目前对"白酒"的估值太高了，和历史数据相比高了很多。的确，历经这几年的涨幅后"白酒"的估值是扩张了，但长期看无风险收益率是下降的，资金始终是追逐"锚"类资产。这个追逐的过程，其实就是各种"锚"类资产估值抬升的过程。我们统计了最近10年间中国和美国的各种核心资产，也就是具有"锚"本质的优质资产。它们的估值是一个持续上升的趋势，具体到境外的一些稀缺优质标的，它们的估值也都是抬升的，并且略高于现在的"白酒"。由此，可以得出一个结论，即无风险利率持续向下，持续稳定增长的核心估值中枢不断抬升。

第六节　化工行业投资研究

一、化工行业的分类

目前，国内化工行业的上市公司接近400家，生产经营的产品种类比较多，对于投资者而言，存在一定的认知壁垒。按照市场容量，可以简单地将化工品分为大宗化学品和精细化学品。年需求量达千万吨级别的化工品多数都是大宗化学品，一般差异化程度比较低，如乙烯、丙烯、烧碱、纯碱等；年需求量百万吨、十万吨级别的化工品，多数都是精细化学品，包括染料、颜料、农药等。再进一步划分，精细化学品中有差异化程度比较低的，如农药原药；也有差异化程度比较高的，如农药制剂。农药的原药和制剂完全是两个行业，在农药原药中草甘膦和菊酯的差别也很大，这一点需要投资者仔细分辨。细致而深入地研究产品属性是入门化工行业研究的第一步。

二、国内化工企业的竞争力

2000年以后，尤其是最近10年，国内化工行业发展很快，在世界化工行业版图中的地位日益上升。10年前，除去中国石化和中国石油，化工行业上市公司市值能达到百亿元级别的只有少数几家，现在已经有部分优秀化工企业的市值超过1000亿元。这种变迁，体现的是国内化工企业卓越的竞争力。这种卓越的竞争力来自三个方面：一是完备的基础工业体系；二是丰富的应用场景和庞大的市场容量；三是人力资源优势。过去，一些高端化学品被外资垄断，当国产化突破之后，即使这些产品的价格下降一半以上，国内企业仍然有比较高的利润水平，而外资企业逐步退出市场。这种情形，未来还会发生。

三、化工企业的发展阶段

化工企业的发展大致分为三个阶段：

第一个阶段是由于各种机缘，成为某一个细分行业的龙头企业。

第二个阶段是品类扩张，产品线横向或者纵向扩张，做大收入和利润体量，但是仍然停留在生产制造环节。

第三个阶段是有了一定的收入和利润体量，有能力从事长周期、高强度的研发，投入可以支撑在高附加值领域进行探索。

一般而言，化工企业刚上市的时候，多数情况下已经是细分行业龙头企业；从细分行业龙头到品类扩张，做大做强，在这个过程中已经给投资者带来丰厚回报；目前只有少数化工企业能到第三个阶段，具备一定的研发能力，通过研发成果产业化推动公司内生增长。

四、化工行业周期

化工产品的价格涨跌，通常呈现出一定的周期性特点。国内很多化工产品基本上是3年一个周期，行业底部否极泰来，行业顶部盛极而衰，上市公司股价也随着产品价格出现周期性波动。

对于行业周期的研究，建议关注需求、供给、库存三个变量。需求层面的强劲增长，往往会推动行业大周期的到来，行业景气上行持续的时间长，价格上涨幅度大；供给层面，在行业长期低迷之后，真实有效产能往往会小于名义产能，部分高成本产能会选择退出市场；库存的影响比较复杂，在一定程度上会放大行业波动，连续生产行业的库存水平及其变化对于判断行业景气趋势尤其重要。

五、化工行业长线选股逻辑

✤ 化工行业长线选股逻辑之一：品类扩张能力

在精细化工或者化工材料行业，单个产品的市场容量一般都不大，产品单一的上市公司利润一般只有1亿元左右。关注品类扩张能力比较强的公司，产品线横向或者纵向扩张，最好每一个产品都能做到行业第一、第二的水平。单个细分行业的龙头企业，有可能是机缘巧合造就，并不一定是经历了充分的市场竞争；如果一家公司能做好它的每一种产品，那么这家公司的能力一定比较强，业绩增长的可持续性就更值得期待。

✤ 化工行业长线选股逻辑之二：工程技术能力

工程技术能力对于化工公司的长期成长至关重要。同一个行业的两家公司，五六年前的市值差不多，今天的市值却相差10倍，背后就是工程技术能力的差距；工程技术能力强的公司，新产品不断投放，产品质量好、成本低、供应稳定，业绩持续增长。有些精细化工品，境外企业需要3年时间才能建成生产线，国内企业1年之内就能建成投产，背后也是工程技术能力的体现。投资者有时候需要与下游客户、竞争对手、行业专家等进行深入交流，才能领先于市场识别优秀企业的工程技术能力。

六、化工行业的未来

化工是一个关系国计民生的行业，应用于人们衣食住行的方方面面。国内人均实物消费量多数处于比较低的水平，从需求上讲，大部分化工产品未来仍有增长潜力；在碳达峰政策的约束下，化工行业新增产能只会越来越难，未来化工行业的周期低迷的时间大概率会缩短，周期性大概率会弱化。

目前，国内绝大部分化工行业上市公司的研发能力，与境外同行相比差距仍比较大。国内新化工材料公司当前主要是利用成本优势和工程技术能力实现高附加值产品的国产替代，而在研发探索未知领域、为客户提供解决方案、推动下游产业的发展等方面只是刚刚起步。这几年，在下游电动车、风电、光伏等新兴产业的带动下，化工材料类企业的收入和利润体量已经上了一个台阶，出现了净利润10亿元级别的企业，理论上已经有资金实力进行长周期、高强度的研发。未来10年，国内新材料上市公司的研发能力和利润体量有望再上一个台阶。

七、化工企业估值

投资者判断化工企业的估值时，建议市盈率、市净率都要看。连接市盈率和市净率的财务指标是净资产收益率。低市盈率、高市净率，背后是比较高的净资产收益率。化工企业的净资产收益率受两种因素的扰动：一种是周期性涨价，另一种是技术的暂时领先。随着产品价格下跌或者技术扩散，企业的净资产收益率会大幅下降、利润大幅下滑，股价也会随之下跌。投资者应该规避这种陷阱，更多地关注可持续的业绩增长。

八、化工企业研究成果在投资中的应用

我们关注的重点在于企业的经营管理能力、工程技术能力、研发投入和

研发成果，主要是通过研究企业的经营记录识别企业相对于国内外同行的竞争力，评估企业未来长周期的增长潜力，看它的利润体量能不能上一个台阶，如从几亿元到十几亿元、从十几亿元到几十亿元。在认为企业估值可以接受的时候建仓，持续跟踪和研究，验证和修正自己的判断；当估值完全透支企业未来几年的业绩增长潜力的时候，考虑卖出。

研究成果落实到投资上，目前的做法是：多挖掘一些好公司，持仓相对分散，提高自己与市场僵持的能力。在投资上，对于自己犯的错误进行深入、客观的反思，理性、客观地分析到底是什么原因造成的；对于成功的投资，也要理性、客观地总结，这一次是不是因为运气好？下一次还能不能重复？

通过总结和反思，促进自己研究框架和投资体系的进化，更深刻地理解现实世界，更好地适应股票市场，创造更好的业绩。

第七节　金融地产行业投资研究

一、银行的基本经营逻辑

银行一词是由意大利语"长凳"演化而来的。那时在欧洲的港口，最早的银行从业者在码头坐在长凳上兑换各国货币。现代银行虽然也具备兑换货币的功能，但吸收存款、发放贷款才是其最基本的业务模式。如何以更低的成本吸收存款，如何发放利率高、不容易出风险的贷款，是银行在经营过程中力争做好的事情，也是每家银行形成自身独特优势的关键。当然在现代银行的经营中，中间业务收入（包含信用卡费、基金销售费用等）也成为银行重要的收入来源，中收业务是否良好也是考量银行发展水平的重要指标。

✤ 息差受哪些因素影响

我们讨论银行收益时，一般会涉及息差的概念。息差指的是银行净利息收入和银行全部生息资产的比值。贷款利率越高，存款利率越低，一般息差就会越高。贷款利率和存款利率一般是同向变动的，变动的幅度和先行滞后关系有区别，一般贷款利率的弹性比较大，且重定价比较快；存款利率的弹性比较小，且重定价比较慢。一般而言，在经济上行期，贷款需求旺盛，存款和贷款利率都有所上行，但贷款上行幅度一般会比较大且比较快，从而使得息差扩大；而在经济下行期，贷款需求萎缩，贷款定价会相应下降，但存款成本下降的幅度会比较小且时间会比较慢，从而使得息差收窄。所以，在经济好转的过程中，息差一般会上行。

✤ 不良率受哪些因素影响

银行不良率是指不良贷款占比，即不良贷款占总贷款的比重。从时间维度上看，一家银行的不良率主要受经济环境的影响。在经济向好的时候，一般也是全社会信用扩张、信贷扩张的时候，资质好的客户和资质不好的客户一般都能还上钱，不良率会相对比较低。一旦经济增速放缓，信用收缩，一些客户就会出现无法偿还本息的情况，不良率就会有所提升。因此，一家经营策略比较稳定的银行，它的不良率受经济环境影响较大。

同一时期，不同银行的不良率差别也会非常大，这主要与银行的经营策略有关。例如，如果一家银行主营按揭贷款，我们会发现它的不良率比较低，因为我国居民的贷款偿还意愿是比较高的，并且我国过去几十年间房价几乎是单边上升的，也使得居民的还款意愿加强。而如果一家银行是主营小微企业贷款的，那么它的不良率就会相对高一些，因为小微企业抵御风险的能力较差，存活周期也相对较短，且银行很难在众多小微企业中进行风险定价，很难鉴别出"好"的企业和"差"的企业，可能使得这类贷款的不良率高企。当然目前随着互联网等技术手段的应用，银行在小微企业风险定价方面的能力有所提升。所以，不良率是和每家银行的经营策略相关的。

当然，不良率也不是越低越好，一般来说，贷款利率越高，对应的不良率相对也会越高。银行要在收入和风险之间进行权衡，并尽力提高自己的风险定价能力。

✤怎样的银行是好银行

不良率过高的银行或者不良率在上升的银行，一般都很难得到资本市场的青睐。因为不良率是一家银行综合经营成果的重要表现，一个不良率过高或不良率不断恶化的银行，往往在内部管理、业务偏好等方面存在明显缺陷。

银行受整体经济环境影响大，所以如果银行布局的区域经济发展良好，就会受益很大。但如果某地区的风险比较大，如房地产价格出现大幅波动，那么该地区的银行将会受到非常大的冲击。

存款基础好，风险偏好合理，能够获取较高净资产收益率的银行往往会受到资本市场的青睐。当然，银行也有时代性，过去资本市场追逐过小微银行、互联网相关银行、非标占比大的银行，这在当时的时点都是正确的，因为在特定历史条件下它们确实取得了较快增长。但在当前这个经济阶段，资本市场更看好财富管理业务能够做大规模或者能够取得较快增速的银行。

✤银行投资受资本市场风格影响

银行投资明显受资本市场风格的影响，从复盘情况看，银行在成长股牛市环境下往往容易跑输。一方面，是受银行股等大盘股增速相对平稳等因素的影响；另一方面，是由于成长股牛市环境往往意味着经济增速不高，或至少是不存在明显亮点。而在经济下行压力加大时，往往会有货币层面的放松动作。就如前文所讲的，经济下行，货币宽松，意味着利率下行、息差收窄，银行基本面也较为乏力。

二、保险这个古老而复杂的生意

早在 14 世纪，意大利就出现了最原始的保单，当时主要是在海运中使用。保险的业务内容非常复杂，大致可以分为负债端（卖保险）、涉及超高技术含量的产品设计、超多人力管理的保险营销等。而卖保险获取的资金则用于投资，投资的内容包含债券、股权、非标等。保险公司资产配置的原则是资产负债的匹配，其中既包括风险收益的匹配，也包括久期的匹配。

保险行业最终赚取死差、利差和费差。发病率、投资收益率和销售费率符合或者好于产品设计时，保险公司即能获得较好的利润；反之，保险公司则面临亏损风险。

✣ 寿险主要卖哪些产品

我们通常说的寿险公司，主要经营传统寿险、健康险、分红万能险等产品。就上市寿险企业来说，目前比较受关注的是健康险的销售状况及价值率情况。因为目前健康险的价值率相对传统寿险来说偏高，也是过去几年保险内含价值增长的主要驱动力。健康险中大家所熟知的是重疾险。重疾险往往需要面对面销售，然而随着重疾险渗透率的提升，整体重疾险销售状况疲软，极大地影响了寿险企业的股价。

✣ 产险主要有哪些

大家可能听过很多关于沃伦·巴菲特重仓产险的故事，但我国的情况可能不太一样。因为在美国的产险中，房屋险的占比较大，这类保险的盈利性较好。而我国的产险主要是车险，目前还有一些农险。车险竞争白热化，综合成本率居高不下，使得产险公司的收益水平较为受限，也极大地压制了估值。所以，未来还需要看产品设计上是否能出现为大众接受的、收益水平合理的保险品种。

产险资产端配置期限一般较短，利差损的风险较低，这是产险的一大优势。

✤ 保费销售端增长的前瞻性指标

保险行业有一句话叫"保险是卖出来的"。也就是说，保险的销售与产品设计及营销推广之间关系十分密切，尤其是高价值率的保险品种，也就是贡献最大利润的保险品种，往往需要代理人线下销售，代理人除了上门推销，还要给客户解释产品，并大力推荐客户购买。因此，从过去的历史来看，代理人数量的增长往往意味着保险的销售可能已进入良性循环，可以比较好地带动销售的继续增长。代理人的增长，主要取决于保险好不好卖，能不能使代理人获取较好的回报。而当保险不再好卖、保险代理人的收入下滑后，他们会离开保险行业，导致代理人队伍人数减少，保险的销售额也将进一步萎缩。

✤ 保险股股价最敏感的因素

保险股股价最敏感的因素主要有两个：第一个是销售端保费的增长，这是保险行业中最好理解的数据；第二个是利率变化，由于我国很多保险公司资产的久期在5年左右，虽然最近几年有所提升，但与负债久期的差距仍然较大，因此保险公司都存在资产再配置的风险。而如果利率下行过快，使得每次资产再配置都找不到更高收益率的产品进行投资，就会导致利差损的风险。反之，如果利率上行，则会使得投资收益率预期上行，股价反应会非常明显。但目前非常尴尬的情况是，随着我国人口结构的逐渐老龄化，人口增速放缓，长周期内经济增速下行的趋势非常明显，使得利率易降难升，这将长期制约保险股的投资机会。

三、券商的业务分类

券商的主要业务包括经纪业务、投行业务、自营业务、资管业务等，近几年还发展出股权质押业务、融资融券业务、衍生品业务等。

时至今日，经纪业务、自营业务的收入利润占比依然较大，但部分券商的特色业务占比已经较同行有了较大差别。

目前，经纪业务最亮眼的是互联网券商，经纪业务市占率提升比较快。而投行业务则是传统龙头券商较强。至于自营业务，则取决于公司自身的经营策略，很多大券商的自营除了债券投资占主要份额，权益头寸则是风险中性策略，这稳定了公司在市场波动下的业绩，当然也使得牛市下部分券商的利润弹性变弱了。

✤ 券商的主要成本是人力成本

人力成本是券商的主要成本项。以中信证券股份有限公司为例，其2020年的收入为544亿元，其中管理费用达到了201亿元，管理费用中职工薪酬达到了147亿元，员工薪酬在全年总收入中的占比接近30%。人力成本是相对刚性的，因此牛市中券商的业绩弹性还是很大的。而互联网券商的人力成本大幅低于传统券商，因此净资产收益率较传统券商有明显优势。

✤ 券商的选股

券商过去表现出了明显的板块行情，其中2014年年底可以说是券商近年来的高光时刻。2019年年初，券商虽然也出现过集体上涨行情，但最近两年出现了明显的个股行情，出现过多种热点，如经纪业务占比高的券商、自营弹性大的券商、衍生品业务占比大的券商、投行业务占比大的券商，乃至最近的基金公司利润占比大的券商，呈现出不同市场行情阶段不同券商股获取超额收益的可能性。

四、房产是好资产，地产股不一定是

多年来，房地产都是国内居民资产配置中最好的资产之一，无论是在几线城市，房产的增值幅度都不小。地产股从2007年前后的股市最强音变成现在的落寞板块，甚至我看到某明星基金经理致投资者的信中第一条就写了要规避地产板块。其实这与地产公司这么多年经历的"面粉贵过面包"，也就是土地价格上涨而房价涨幅被限制有很大的关系。在目前的销售规模下，房地产价格继续快速增长较难，而由于毛利率的持续收窄，利润增速更加难看，这是困扰目前地产板块的最大的问题。近期土地拍卖市场的政策变化对地产板块股价有较大促进也是这个原因。如果地价能持续稳定，地产公司毛利率有所回归，则可能会慢慢回归正常制造业估值水平。

✣ 地产股以前"炒"什么

关于地产，以前大家听得最多的可能是政策博弈。地产股往往呈现出销售变差—经济变差—土地投资变差—政策放松—货币宽松—股价上涨的逻辑链，但自"房住不炒"政策出台以来，政策的定力大大加强，目前虽然房地产本身的周期仍然明显，但房地产股价博弈政策的空间在明显减弱。

✣ 地产板块的未来看点是什么

未来地产板块需要关注毛利率的回升和龙头地产公司的市场占有率。当然，大家也需要关注一些新方向，如物业公司的价值重估对地产公司本身价值的影响。

✣ 为什么地产产业链股票机会大

地产产业链上的龙头公司市场占有率提升的速度明显大于房地产公司。房地产公司受地域、拿地等诸多限制，其实很难体现出规模效应。地产产业链公司则不同，近年来随着建筑材料行业越来越规范，防水、涂料等板块的龙头公司市场占有率提升非常快，这使得地产产业链上的公司更具吸引力。如果地产的销售规模能够维持，这些公司的成长性依然值得期待。当然，这些板块受政策扰动比较小。

五、银行、保险、券商、地产的联动影响

在整个金融地产板块的投资中，利率是核心变量，利率其实集中体现了经济的变化、政策的态度等。利率上行期，银行、保险板块相对较为受益，容易跑过相对收益，银行保险板块是少数受益于利率上行的板块。利率下行期，资本市场往往较为活跃，券商和地产板块往往较为受益。当然，由于保险投资端也部分受益于资本市场，因此在大牛市预期下保险板块走势与券商板块有一定同步性。

第四章
投资体系——与市场和谐相处

第一节 有效的投资体系

一、什么是投资体系

"知者行之始,行者知之成",投资体系就是投资者的认知和行为的综合展示,投资本身就是一种技能。高效的投资体系可以理解为战胜市场的秘籍。

大家耳熟能详的投资大师,比如价值投资的代表人物沃伦·巴菲特、本杰明·格雷厄姆、查理·芒格,提出反身性原理的"金融大鳄"乔治·索罗斯,逆向投资大师约翰·邓普顿,选择成长股的菲利普·费舍等,他们都是经过多年的投资,结合自身的价值判断,总结出适合自身的投资体系,并通过知行合一的执行获得丰厚的收益。这些经典的投资理论不仅包含对企业价值的判断、对投资失败的反思、低迷时期痛苦的坚守、收获时期成功的欣喜,也间接包含他们各自的人生观、价值观、哲学观。

二、如何构建投资体系

主流的投资体系大致分为技术面投资体系和基本面投资体系。就基本面投资体系而言，它是一种对社会趋势的观察、对商业模式的理解、对优秀企业家的欣赏、对复杂人性的洞察、对自我的再认知、对世界的好奇心、对知识的终身求索、对喧嚣的远离、对孤独的享受，以及对偶遇同行者的欣喜。

✥ 观察经济社会发展趋势

为了理解一个行业、一家企业的发展前景，我们通常会自上而下地对社会、政治、经济、科技、商业、人口结构、人们的行为习惯等大的方面进行观察和分析。这是因为从企业发展前景来讲，好的投资机会大部分处于顺应经济社会发展趋势的行业中。比如，大家习惯了支付宝、微信支付后，对银行卡的需求就会大幅减少；再如，在双碳经济背景下，新能源汽车、光伏等行业必将迎来爆发式增长。总而言之，经济社会发展趋势对投资方向的选择具有重要的参考意义。

✥ 选择好公司

投资一家公司是一项系统工程，需要从商业模式、发展空间、竞争优势、公司治理、买入价格等多方面进行综合把握，在这些方面选择"三好学生"，即好赛道、好企业、好价格。

好赛道，首先是对企业商业模式的理解。商业模式是指企业以什么样的方式，提供什么样的产品和服务，满足客户的什么需求，如何实现盈利，这项生意有什么样的经济特征和自由现金流状况。因此，一家企业所在的市场有多大规模和空间在很大程度上由商业模式决定。好的商业模式是实现从0到1跨越的关键，而市场规模大也就意味着天花板高。

判断完市场规模后，我们还要判断企业的成长空间有多大，成长空间决定了企业未来发展的成长性和可持续性。成长空间不等同于市场规模，还指与行业天花板的距离，也就是从1到N的过程。任何行业都有发展周期，通常要经历市场导入期、成长期、成熟期、衰落期等阶段，企业的成长空间是由企业所处的发展阶段决定的，处于不同发展阶段的企业的成长性是不同的。优秀的企业通常都具备一定的竞争壁垒，这样才能确保自己的利润不被侵蚀，此外还具有良好的公司治理模式、优秀的企业文化和较强的社会责任。

通俗一点，商业模式可以概括为：是不是好生意，生意能不能做成，生意能不能做大，生意会不会被别人抢，怎样确保做好生意。

✤ 合理的买入价格

当股票投资越来越普遍、投资群体越来越成熟时，价值被严重低估的投资机会也就越来越少了。查理·芒格就主张，宁愿以合理的价格买入伟大的公司，也不要以低廉的价格买入平庸的公司。企业的发展并不是线性的，好的企业通常会为中长期发展考虑，因此表现出的业绩也是波动的。但是从长期来看，优秀的公司能够经受时间的洗礼，能够穿越行业的牛熊，为投资者带来丰厚的回报。时间是优秀企业的朋友，是平庸企业的敌人。

在本杰明·格雷厄姆的理论体系中，很经典的是"市场先生"的寓言《买买买先生和卖卖卖先生》。"市场先生"总是情绪化，在它感觉乐观的时候，只会看到企业的正面影响因素，这时它会报出很高的买卖价格；在它情绪低落的时候，只会看到企业的负面影响因素，这时它会报出一个很低的价格。在这种情况下，它的行为越是狂躁抑郁，越是对你有利。如果它哪一天出现特别愚蠢的情绪，你可以视而不见，也可以利用这次机会。但是，如果你受到它情绪的影响，那将会是一场灾难。因此，如果你不懂所投资的公司，不能比"市场先生"更准确地评估公司，你就不应该参与这场游戏。

成熟的投资者是利用"市场先生"的愚蠢，利用市场短期经常无效、长期总是有效的弱点来实现利润。既然从长期来看，"市场先生"的愚蠢总是会得到纠正的，那么投资者就要以长期持有的态度来对待每一笔投资。市场纠正错误之时，便是投资者获利之时。

有效的投资体系是在实践中不断摸索改进的。实际的研究和投资工作更加复杂，基金经理会承受更多的压力。诚然，市场残酷多变，但每一位基金经理都会不懈努力，为投资者的财富管理贡献力量。

第二节　投资风险管理与基金评价

一、风险管理基础知识

✥ 什么是风险

对投资者而言，风险的第一个层面是获取收益的不确定性。衡量风险的指标是波动率，波动率指收益变动的幅度范围，波动率越大，说明与预期收益的偏离幅度越大，收益的不确定越高。人们往往喜欢向上的波动，而不喜欢向下的波动。风险的第二个层面是可能承担的资本亏损，就是指如果买入金融产品，存在本金损失的可能，那么对投资者而言就是风险。

✥ 产品波动的驱动因素

产品波动的背后是资产价格的变动，影响资产价格变动的驱动因素又是什么呢？从风险管理工作者的业务分析视角来看，周期波动是投资风险的主要来源。前面提到，美林"投资时钟"理论把经济周期分为复苏、繁荣、滞胀和衰退四个阶段，每个阶段都有特定的资产获得不同的收益表现。投资中最重要的事情是关注周期，周期源自人的主观判断和人内心的波动，既难以避免,也难以预测。周期也存在均值回归的特性,各种周期的层层叠加会导致市场波动加大。了解周期可以帮助分析投资风险,了解周期所处的位置可以提高投资胜率。

影响投资的各种周期主要是以下五种:一是经济周期,就是前面提到的四个阶段;二是企业的盈利周期;三是信贷周期;四是投资者的心理周期;五是市场周期。以上这五种周期影响整个产品投资运作中的波动风险。

投资风险管理的意义有三点:一是保护投资者的利益。基金管理人通过了解客户需求和产品的风险收益特征,制定合适的组合风险管理策略,让投资经理在一定合理约束条件下进行投资运作,确保产品运行符合客户需求。二是让投资经理及时了解组合情况,分析其额外的风险承担是否获取了相应的风险补偿,通过复盘不断完善其投资决策框架体系。三是了解投资经理的投资风格和能力圈,扬长避短,实现资源适配。

❖ 如何识别基金风险

具体到如何识别基金的风险,下文分不同的产品类型分别进行分析。

1) 衡量普通股票型基金基金经理的风险管理水平,用波动率和下行风险这两个指标。波动率计算公式如下

$$\sigma(r) = \sqrt{\frac{\sum_{t=1}^{T}(r_t - \bar{r})^2}{T-1}}$$

式中,T 表示计算期间的总交易天数;r_t 表示基金 T 日内总回报率;$\bar{r}$ 表示基金在 T 日的回报率平均值。

基金的波动率可以用标准差来表示。比如,在过去的一段时期内,基金每日收益率相对于平均日收益率的偏差幅度的大小,它的经济含义就是基金投资者获取收益的不确定性。波动率越大,收益越不稳定,风险也越高。相反,波动率越小,说明基金波动控制得越好,收益越稳定,风险也越小。不

同投资类型的基金波动率程度不一样,一般而言:股票型基金 > 债券基金 > 货币基金。需注意,在比较不同基金的波动率大小时,在同类型中进行比较才有意义。

波动有向上和向下两个方向,投资者都喜欢向上波动而厌恶向下波动,所以衡量基金的收益风险有时也用下行风险这个指标。下行风险计算公式如下

$$\sigma^{\text{downside}} = \sqrt{\frac{1}{T-1} \sum_{t=1}^{T} (\min\{r_t - r_t^f, 0\})^2}$$

式中,r_t^f 为无风险收益率。

从上式中可以看到,下行风险测量的是在一个目标收益率之下的变化性,最低目标收益率 r_t^f 可以是无风险收益率,也可以是参考基准或者投资者要求的任何固定利率。

2)衡量指数基金的基金经理组合管理能力,常用的指标是跟踪误差。跟踪误差(TE)计算公式如下

$$TE = \sigma(r^e) = \sqrt{\frac{\sum_{t=1}^{T} (r_t^e - \overline{r^e})^2}{T-1}}$$

式中,r^e 为超额收益率序列。

跟踪误差公式与波动率公式很像,跟踪误差表示的是超额收益率的标准差,超额收益率是基金超越业绩比较基准的收益率。一般的指数基金都是跟踪某个标的指数,比如跟踪沪深 300 指数、中证 500 指数、中证白酒指数,目的是通过紧密跟踪这些标的指数,获取与标的跟踪指数相似的回报。

衡量指数基金经理最有效的手段是看他的跟踪误差控制水平。指数基金对于有较高配置能力的投资者而言是一种非常好的投资工具,目标是获取市场平均收益(Beta 收益)。很多指数基金在合同中会约定年化跟踪误差在 4% 以内,但是该条款并非强制性约束,通过市场公开数据和基金定期披露内容可以看到,很多基金公司并没有严格按此执行或者披露没有做到的原因是什

么。跟踪误差超过约定阈值，说明基金经理有意通过承担过多的主动风险来博取相应的主动收益，这一做法本身就违反了产品设计初衷。

如果投资者除了想要 Beta 收益，还想要独立于市场的超额收益（Alpha 收益），并愿意通过承担一定的主动风险来获取收益的补偿，那么在筛选评价基金时就要看超出约定阈值的跟踪误差是否有正的超额收益。如果是负的超额收益，那么投资者就要规避这类指数基金。

3）衡量债券基金的风险管理水平，通用的指标是最大回撤。

最大回撤指的是基金净值从最高到最低的下降幅度，代表投资者持有该基金可能会遭遇的最大损失。基金的最大回撤和基金的风险成正比，表示基金过去的最高风险值的大小。最大回撤指标越小，说明基金面临的风险越小；最大回撤越大，说明基金风险控制能力越差，面临的风险越大。

须注意的是，基金最大回撤描述的是基金历史上的最大亏损幅度，并不是决定基金未来涨跌的指标。在筛选基金时，虽然可以将它作为选择基金的参考指标评判基金经理过往管理基金时的风险控制水平，但不是选择基金的唯一标准。

二、基金业绩评价

分两种不同投资目标的基金进行介绍。

1）以追求绝对收益为目标的稳健收益型基金。评价这一类基金，通用的指标是夏普比率和卡玛比率。前面提到，夏普比率简单来说就是收益风险比，表示每承受 1 单位风险预期，可以拿到多少超额收益。例如，夏普比率是 2，则表示投资者每承担 1 分风险，预计会获得 2 分的投资回报。夏普比率的核心思想是收益率相近的两只基金风险越小越好，而风险水平相近的基金，收益则是越大越好。从概念上来说，夏普比率越高越好，但很多评价工具并不是一劳永逸的。

使用夏普比率时要注意以下几点：一是夏普比率只有在比较同类型基金产品时才适用。因为夏普比率考虑的两个主要因素是预期收益和风险，如果把债券型基金和股票型基金进行比较，即便债券型基金的夏普比率高，很大程度上也只是因为债券资产的波动小、风险比较低，并不代表债券型基金比股票型基金好，这样做比较意义不大。二是虽然基金产品在某段时期内带来了较高的超额回报，但夏普比率变小了。这也不难理解，因为夏普比率计算的是收益风险比，它的分母是收益率标准差，即衡量收益率偏离均值的程度，短时间带来较大超额回报的正偏离也是偏离。三是夏普比率为负值是没有意义的，也不能拿来做比较。夏普比率为负值，说明超额收益为负，即基金的收益率没有跑赢无风险收益率。另外，如果夏普比率是负值，按照夏普比率越高越好进行评判会得出相反的结论。例如，基金 A 和 B 的超额均为 -2%，波动率分别是 1% 和 2%，那么基金 A 和 B 的夏普比率分别是 -2 和 -1，并不意味着 B 基金比 A 基金好。

卡玛比率也叫收益回撤比，表示基金收益与最大回撤水平的比例，指标数值越大越好。收益回撤比越大，则基金盈利能力和控制风险的能力就越强。

2）以追求相对收益为目标的基金。评价这一类基金，通用的指标是信息比率。信息比率就是投资者承担单位主动风险所带来的超额收益的大小，信息比率越大越好，说明投资者承担主动风险获取的超额收益越高、性价比越高。

对于主动选股基金，基金经理都是通过与基准持仓结构的偏离来获取超额收益的。如果承担了相应的风险而没有获得相应的收益，那为什么还要买这类基金而不去直接买指数基金呢？所以，筛选主动选股的普通股票基金时，信息比率是一个科学合理的衡量指标。

三、基金风格分析

众所周知，基金风格对基金收益有重大影响，基金风格背后是基金经理的投资风格，而投资风格又存在特定的市场行情适应性。因此，对于投资者而言，了解基金的投资风格，结合自己的投资目标、风险偏好和对未来市场的预判，才能科学合理地动态管理基金组合配置。

大家一般基于市场公开信息对公募基金进行定量投资风格的刻画，一般有两种分析方法：一是基于净值的基金风格刻画模型，通过每日净值数据采用回归等方式挖掘基金的持仓风格、市值偏好等信息，优点是数据获取频率高、分析更为及时，不足是分析结论可能是模糊上的准确；二是基于持仓的基金风格刻画模型，是通过季报、半年报、年报等定期披露数据进行挖掘，分析基金的投资风格和交易风格，优点是结论更为准确和可验证，不足是受信批频率的影响对基金风格分析的更新频率较低。作为基金管理人，创金合信基金在对旗下发行的基金进行日常质量跟踪监测管理时，由于可获取的数据更为及时和全面，基金管理人一般会基于持仓和交易数据对旗下基金的投资风格进行更为精准的刻画。

✢ 股票型基金的风格分析

针对股票型基金，一般是从持仓风格和交易风格这两个层面进行投资风格刻画，在分析持仓风格时，一般选用的指标包括大盘/中盘/小盘风格、成长/均衡/价值风格、行业配置（行业均衡/行业轮动）、行业 & 持股集中度；在分析交易风格时，一般选用的指标包括持仓时间（主动换手率，剔除了申赎对基金经理交易行为的影响）、个股买入时点（左侧投资/右侧投资）等，具体刻画指标如图 4-1 所示。

普通投资者可以借助专业工具或基金投顾服务，如通过数据终端、理财App、基金研究分析报告等方式来获取基金的投资风格，以创金合信基金的权益基金为例，当前的投资风格呈现如表 4-1 所示的特征。

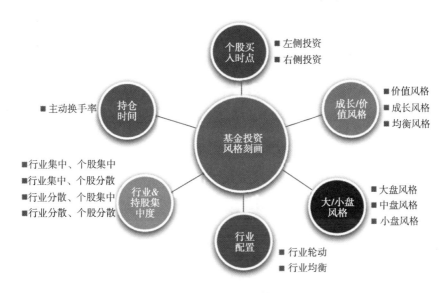

图 4-1 基金投资风格具体刻画指标

表 4-1 基金投资风格特征

基金名称	基金类型（Wind）	行业/产业特征	市值风格			价值/成长风格		
			大盘	中盘	小盘	价值	成长	均衡
创金合信量化多因子股票A	普通股票型基金	行业均衡			√			√
创金合信消费主题股票A	普通股票型基金	消费	√				√	
创金合信医疗保健行业股票A	普通股票型基金	医药		√	√		√	
创金合信金融地产精选股票A	普通股票型基金	金融地产	√			√		
创金合信量化发现灵活配置混合A	灵活配置型基金	行业均衡		√				√
创金合信资源主题精选股票A	普通股票型基金	资源	√					√
创金合信量化核心混合A	偏股混合型基金	行业均衡	√	√				√

（续）

基金名称	基金类型（Wind）	行业/产业特征	市值风格			价值/成长风格		
			大盘	中盘	小盘	价值	成长	均衡
创金合信科技成长主题股票A	普通股票型基金	TMT		√	√		√	
创金合信新能源汽车主题股票A	普通股票型基金	新能源车产业	√				√	
创金合信工业周期精选股票A	普通股票型基金	周期行业	√				√	
创金合信港股通量化股票A	普通股票型基金	港股通+行业均衡						
创金合信上证超大盘量化精选股票A	普通股票型基金	行业均衡	√					√
创金合信同顺创业板精选股票A	普通股票型基金	行业均衡			√		√	
创金合信港股通大消费精选股票A	普通股票型基金	港股通+大消费主题						
创金合信创新驱动股票A	普通股票型基金	TMT	√					√
创金合信医药消费股票A	普通股票型基金	医药+消费					√	
创金合信新材料新能源股票A	普通股票型基金	新材料新能源行业	√				√	
创金合信气候变化责任投资股票A	普通股票型基金	行业均衡					√	
创金合信ESG责任投资股票A	普通股票型基金	行业均衡					√	
创金合信竞争优势混合A	偏股混合型基金	行业均衡	√				√	
创金合信数字经济主题股票A	普通股票型基金	数字经济产业			√			√
创金合信积极成长股票A	普通股票型基金	行业均衡					√	

(续)

基金名称	基金类型（Wind）	行业/产业特征	市值风格			价值/成长风格		
			大盘	中盘	小盘	价值	成长	均衡
创金合信先进装备股票A	普通股票型基金	中游制造			√			√
创金合信港股通成长股票A	普通股票型基金	港股通					√	
创金合信产业智选混合A	偏股混合型基金	行业均衡	√				√	
创金合信文娱媒体股票A	普通股票型基金	TMT		√		√		
创金合信碳中和混合A	偏股混合型基金	碳中和产业	√				√	
创金合信芯片产业股票A	普通股票型基金	TMT		√				√

注：以上权益基金的投资风格受当前合同约束和基金经理投资策略的影响，后续在遵守合同的情况下，可能存在根据市场环境、投资策略变化等因素进行持仓风格上的变化。

数据来源：信达金工研究、创金合信数据中心。

✤ 债券基金的风格分析

对于债券基金，主要看其是主做利率债还是信用债，一般从公募基金的定期报告中可以看到重仓债券的类型。目前市场上绝大多数债券基金都是信用债配置，对于其风格的分析，一般通过久期和评级上的配置来观察基金经理的投资风格。

普通投资者很难获取债基实际的久期配置情况，专业性较强的投资者可以从债基半年报或年报的敏感性分析推算出基金的实际久期配置，也可以通过债基的名称、分类以及合同约定进行粗略的划分。

对于评级上的配置，受合同约定、公司风险管理政策、基金经理的能力圈以及经济环境等综合因素的影响，市场上的债基在同一时间点可能呈现不同的评级配置结果，核心是不发生信用风险事件。因此，在对主投信用债的债基进行分析评价时，关键是考察管理人在信评上的投研实力和风控水平。

根据当前产品线布局和定位，创金合信基金的债券型基金在久期配置上的定位见表4-2。

表4-2 创金合信基金的债券型基金在久期配置上的定位

基金名称	基金类型（Wind）	主投方向	短久期（<1年）	中久期（1~3年）	长久期（>3年）
创金合信恒兴中短债	短期纯债型基金	信用债		√	
创金合信信用红利	短期纯债型基金	信用债		√	
创金合信恒宁30天滚动持有	短期纯债型基金	信用债	√		
创金合信恒利超短债	短期纯债型基金	信用债	√		
创金合信鑫日享短债	短期纯债型基金	信用债	√		
创金合信双季享6个月持有	中长期纯债型基金	信用债		√	
创金合信季安鑫3个月持有	中长期纯债型基金	信用债	√	√	
创金合信中债1~3年政金债	被动指数型债券基金	利率债		√	
创金合信中债1~3年国开债	被动指数型债券基金	利率债		√	

注：以上债基的久期配置依据当前产品定位来设计，后续在遵守合同的情况下，可能存在根据市场环境、投资者结构变化等因素进行适当调整。

✥ 基金经理的能力分析

基金经理的能力分析离不开归因分析的方法论和模型。做业绩归因的目的是区分投资经理的能力和运气，进一步判断这位基金经理的业绩是否具有稳定性和持续性。投资者都希望买到实力派选手基金经理管理的基金。截至2021年底，市场上有2600多位基金经理，其中从业年限在10年以上的约150人，占比约5.7%；从业年限在3年以下的有1200多人，占比约46%。可以看到，经过几轮牛熊洗礼、有丰富实战经验的基金经理占比其实是相当小的。Alpha 收益很难做也很稀缺，不少基金的主动收益是来自新股，这块收益基本来自政策红利，刨掉新股部分，基金的 Alpha 收益获得难度较大。

在分解一只基金 Alpha 收益来源的时候，主要看基金经理的超额收益是来自他的配置能力还是选股能力，配置能力一般指基金经理的仓位择时能力以及行业或者是风格配置能力，选股能力主要是基金经理对个股的选择以及个股买卖时点的投资能力。超额收益主要由哪一部分贡献并没有高低好坏之分，主要是要与基金经理的投资理念和投资决策框架体系挂钩来甄别看待，可以在基金的定期报告或者是对基金经理的采访尽调中获取这部分信息。基金的定期报告可以在基金公司官网或理财 App 中查到。选基金也是在选人，一定要知道这位基金经理是具有仓位择时能力/行业配置能力，还是个股选择能力，还是两者兼而有之。

第三节　做好业绩归因

一、股票型基金业绩归因分析和应用

专业的机构投资者通常会用 Brinson 归因模型和 Barra 多因子模型来做股票型基金的业绩归因。相对于基于净值的 Fama-French 三因子模型而言，这两个模型是基于每日持仓和交易做的相对比较精准的分析。

在这里简要介绍一下 Brinson 的业绩归因方法论，它的公式是：股票组合的超额收益 $r^e = r^p - r^b = AR + SR + IR$。其中，$r^p$ 为股票组合收益率；r^b 为基准收益率；AR 为配置能力；SR 为个股选择能力；IR 为交互效应。

配置能力计算公式为：$AR = (Wps - Wbs) \times (Rbs - Rb)$。其中，Wps 为

股票组合中的某一行业权重；Wbs 为该行业在基准指数中的权重；Rbs 为该行业在基准指数中的收益率；Rb 为基准指数收益率。

通过以上公式可以明确得出基金经理若在最近表现好的资产或行业上进行超配或者在表现差的资产或行业上进行低配，那么配置能力的贡献就是正的，说明在此段时间基金经理的配置能力比较突出。

比如，某基金的基准是沪深 300，过去一年沪深 300 的收益率是 10%，其中，食品饮料行业的收益率是 20%，食品饮料行业在沪深 300 中的权重是 14%；银行的收益率是 −5%，银行在沪深 300 中的权重是 12%。如果基金经理在食品饮料行业配置了 20%，在银行配置了 5%，则在此两个行业上的配置对组合都是正的贡献，因为他在收益相对高的行业进行超配，在相对低的行业进行低配，这种配置对整个组合的贡献就是一个明显的正贡献，(20% − 14%) × (20% − 10%) + (5% − 12%) × (−5% − 10%) = 1.65%。

个股选择能力计算公式为：SR = Wbs × (Rps − Rbs)。式中，Rps 为该行业在股票组合中的收益率。可以看出，如果基金经理按照指数中某股票行业的权重来配置，他的组合中该行业的收益率超越基准中该行业的收益率部分就是基金经理在个股选择能力上的体现。

还是沿用上面的例子，如果基金经理的组合中食品饮料行业收益率是 30%，那基金经理的个股选择能力贡献就是 14% × (30% − 20%) = 1.4%。

再看一下交互项公式 (Wps − Wbs) × (Rps − Rbs)，顾名思义它是受前面两项共同作用的影响，按照数学两边恒等的关系，在业绩归因中就会产生交互项。

得出了业绩归因的结果，那如何应用呢？首先是根据基金经理的投资决策过程进行判定，如果基金经理是自下而上选股，那么交互项就与配置能力合并划入配置层面，原因是基金经理在行业或风格上的配置体现的是其个股选择后被动得到的结果。如果基金经理是自上而下的决策体系，那么交互项就合并至个股选择中。其次是根据归因结果,在已经得出基金经理的 Alpha 收益是来源于配置还是个股选择之后,对他的能力圈就有了大致的了解,知道钱是怎么赚来的,他擅长什么不擅长什么。对于基金管理人而言,可以帮助基金经理在今后的投资中扬长避短和破圈,对于普通投资者而言,可以筛选到货真价实的基金经理为自己理财。

二、债券基金业绩归因分析和应用

通过债券的定价公式可以看到,债券组合收益可以分解为持有债券被动获得的收益和通过收益率曲线管理获得的收益,公式如下

$$P = \sum_{n=0}^{N} \frac{C_n}{(1+y)^{t+n}} \longrightarrow r \approx y \times \Delta t - MD \times \Delta y$$

式中,P 为债券当前的全价市值;C_n 为债券定期支付的现金流;y 为债券到期收益率;r 为债券价格变化率;Δt 为计算日期的间隔;MD 为债券组合修正久期;Δy 为利率变化。

对于债券基金的业绩归因,一般有两种模型分析方法,具体选择哪一种依据基金经理的投资决策框架体系来定。

一是 Campisi 归因模型。Campisi 归因模型将债券的收益具体细分为票息收益、持有收益、曲线收益和个券收益,如图 4-2 所示。Campisi 归因模型既可以用于绝对收益的分解,也可以用于相对收益的分解。

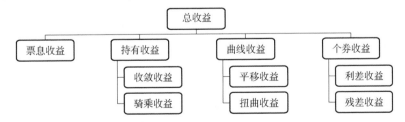

图 4-2 Campisi 模型对总收益的分解

票息收益是债券收益的主要来源，与债券的票面利率和持有时间有关，公式如下

$$r_{coupon,t} = \frac{\sum_i MV_{i,t_0} \times C_i \times \Delta t}{\sum_i MV_{i,t_0}}$$

式中，MV_{i,t_0} 为上一计算日债券的全价市值；C_i 为票面利率；t_0 为上一计算日；Δt 为计算日期的间隔。

收敛收益代表债券价值收敛于面值所产生的收益，当其他条件不变时，债券每日的收益率等于其到期收益率，扣除票息产生的收益，剩下的收益来源于债券价值的收敛过程，公式如下

$$r_{accretion,t} = \frac{\sum_i MV_{i,t_0} \times y_{i,t_0} \times \Delta t}{\sum_i MV_{i,t_0}} - r_{coupon,t}$$

式中，y_{i,t_0} 为到期收益率。

骑乘收益代表的是由于期限变短，收益率顺着曲线"下滚"，从而影响债券的价格，公式如下

$$r_{rolldown,t} = \frac{-\sum_i MV_{i,t_0} \times MD_{i,t_0} \times (y_{i,t}^{M_{t_i}} - y_{i,t_0}^{M_{t_i}})}{\sum_i MV_{i,t_0}}$$

式中，MD_{i,t_0} 为修正久期；$y_{i,t}^{M_{t_i}}$ 为 t 日债券 i 剩余期限在 t_0 日国债到期收益率曲线上对应的到期收益率。

对于曲线的收益可以把它分解为平移收益和扭曲收益，平移收益是指由于国债收益率曲线发生平移产生的收益。平移收益是修正久期影响收益率的关键因素，一般选定0.5年、1年、2年、3年、5年、7年、10年这几个关键期限点计算国债收益率的平均值。

扭曲收益指由于国债收益率曲线的非平行移动所产生的收益，由于收益率曲线的变化往往并不是平行移动的，在不同期限上曲线的变化方向和变化幅度也不一样，基金经理可以通过配置不同期限的债券获得曲线形状变化所

带来的收益。

利差部分为债券到期收益率与对应期限国债收益率的差，由于债券的信用、流动性等因素的变化，债券的利差也会发生变化，从而债券的到期收益率与曲线的变化幅度也会有所不同。当债券的利差缩小时，可以在利差部分获取正收益；残差是根据公式计算的各部分收益的和与债券实际收益的差异，属于模型无法解释的部分，当两个交易日中间间隔的自然日天数越多，残差越大。

二是久期归因模型。久期归因模型把债券组合的超额收益分解为总久期配置收益、类属资产配置收益以及个券选择收益，如图4-3所示。

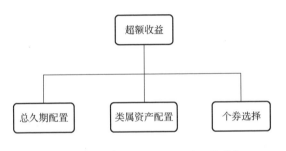

图4-3　久期归因模型对超额收益的分解

总久期配置收益表示将基准久期调整为与债券组合久期一致的虚拟组合后，这个组合与基准收益率的差，反映组合整体久期与基准久期差异产生的收益，考核的是基金经理判断利率走势调节组合久期的能力。

类属资产配置贡献表示在总体久期一致的情况下，由于组合中各类属债券权重和久期配置与基准不同而产生的收益，反映了基金经理在债券类属资产配置能力上的强弱。投资者可以根据自己的喜好划分类属资产，可以是债券类型，也可以是剩余期限，还可以是信用评级的维度。

个券选择贡献表示在整体久期和各类属债券配置完全相同的条件下，由于个券选择不同，投资组合中的各类属债券中债券收益率和收益率变化与基准不同而产生的收益，反映了基金经理在各个类别中选择个券能力的强弱。

❖ FOF 基金业绩归因分析与应用

在管理组合过程中，FOF 组合经理一般是自上而下的投资决策体系。首先，根据基金的投资目标，通过对大类资产（一般是股票、债券、商品）的长期收益、风险以及相关性的跟踪研究，基于对未来宏观预判进行大类资产的选择和配置。其次，在资产配置定好的战略框架下进行细分行业和风格的配置。比如，股票是配置在哪几个行业或配置哪种风格，债券资产在久期上是配置长久期还是短久期，在信用上是配置高等级还是低等级做一定程度的信用下沉，组合经理可以基于其对当前市场环境的判断，做战术上的优化调整。这一步也就是俗称的"指数配置的过程"，可以用市场上第三方公开的一些细分行业或风格指数来表征组合经理的配置过程，最后选择配置工具，也就是优质基金的选择过程即选择基金的 Alpha（超额收益获取）能力。

以创金合信基金旗下的某基金组合为例。表 4-3 所示的数据是该基金组合从 2021 年初以来截至 2021 年 6 月 28 日的业绩情况。通过这个数据可以看到，2021 年以来这个组合创造了 11.72% 的收益率，它对标的基准中证 800 期间的收益率是 0.95%，这个组合的超额收益是 10.76%。通过后面的归因可以看到，指数选择和基金选择都反映了这位基金经理有非常强的行业轮动能力和基金选择能力，因为这两块对基金组合超额收益的贡献非常明显，分别达到了 4.62% 和 6.14%。

表 4-3 创金合信基金旗下某基金组合业绩情况

基金代码	名称	组合	基准	超额	资产配置	指数选择	基金选择
ZH037782	为你创金	11.72%	0.95%	10.76%	0.00%	4.62%	6.14%

第四节　如何挑选好基金

学会了投资体系的建立和对基金的评价，普通投资者如何选择"好"基金，构建自己的 FOF 组合呢？

一、五个维度

第一个维度是收益。最重要的是看业绩排行，短期、长期都要看，3 个月、6 个月乃至 1 年的业绩特别亮眼的，不能说明长期业绩也优秀，短期业绩特别拔尖，往往可能是基金布局非常集中于一个行业或主题，短期业绩靠过多的风格暴露来获取，买短期业绩"爆炸"的基金往往会造成典型的追高行为，也是造成短期业绩亏损的主要原因。短期不可靠，那就要看长期至少 3~5 年的年化收益，但是看长期的年化收益率的时候也要具体问题具体分析，也要避免年化收益率的坑。比如，某基金的长期年化收益率靠某一年业绩突然爆发所致，但其他年份业绩平庸，这种情况基本上可以判断那一年的业绩爆发极大可能来自基金经理的运气而非能力，以后想要再获得类似的业绩可能没那么容易。

第二个维度是人。我们知道，选基金就是选人，警惕同一基金经理管理的同一类型主动基金业绩差异过大。目前市场上普遍存在一拖多的情况，就是一位基金经理同时管理好几只基金，对同一个基金经理管理的同一类型主动基金进行比较，分析它们的业绩差异是否过大。

比如，有 A 和 B 两位基金经理，一位属于偏债混合，一位属于灵活配置，两者业绩相差很大是很正常的情况。但是如果同一位基金经理管理的同一类型基金业绩差异过大，极有可能是基金经理对不同基金采用了不同的策略，或者投在了不同的方向。这说明，基金经理可能对自己也没有十足的信心，最好回避这种情形的基金经理。

第三个维度是现任基金经理的任职日期。主要是分析现任基金经理任职以来的风险收益特征，严格来说前任创造的业绩和现任无关。

第四个维度是基金经理的换手率。我们警惕高换手的基金经理，偏股基金近两年双边换手率大概在年均5倍。如果选择的主动基金经理换手率高于同行，就需要保持一份警惕，主要是因为通过交易胜出的基金稳定性不够，同时交易型策略也有一定的市场容量，一旦基金规模变大，这种策略就可能失效，不如通过扎实的基本面研究进行精选个股的策略更值得信赖。

第五个维度是风险收益比，比如前文提到的夏普比率、信息比率或者卡玛比率。投资者根据不同的基金投资类型选择合适的量化指标，长期持有胜率比较高，但长期持有过程中也有可能"坐了一轮过山车"。那如何避免呢？一般推荐定投，这对于刚接触基金的普通投资者来说确实是一个好方法。

除了定投，有没有其他优化的交易策略呢？有。在这里给大家科普一下网格交易法。

二、网格交易法

网格交易法起源于"信息论之父"劳克德·香农。在劳克德·香农的职业生涯中，他靠着网格交易法实现了年化接近30%的收益率。他的投资理论很简单，就是先用50%的资金买入初始仓位，然后当价格上涨到一定幅度就卖出一部分仓位套现，当价格下跌到一定幅度就买入一部分仓位补仓，简单概括来说就是低买高卖的交易策略，具体分三步。

第一步，选取好的基金标的。

第二步，设定网格。网格可以是3格、5格或者10格，投资者一般会选择 5~10 格。这个网格对应的"锚"可以是指数，也可以是基金净值的涨跌幅度。

第三步，严格交易执行。例如，如果投资者选中了基金 A，拟买入 1 万元，先拿出 50% 资金初始建仓，随后将剩余资金分成 N 份，设置网格。假如设定的"锚"是基金净值的涨跌幅，该基金每跌 5% 买入一份，每涨 5% 卖出一份，如此反复买卖逐渐累积盈利。在这一过程中，需要严格按照设定的网格进行交易，这样是不会受市场情绪干扰的。

当然也可以设置不对称的网格，需要重点说明的是这种交易策略有它适应的市场行情——只适用于震荡市，单边熊市和单边牛市都不适合，原因是单边熊市投资者可能一直在补仓，补到最后可能没有"子弹"了；单边牛市投资者可能只能拿到部分收益而过早地把基金"卖飞了"。行情波动越大，交易的频次越高，所以我们必须考虑这种交易策略下的交易成本。

现在场外基金都有 AC 份额（A 类基金属于前端收费，申购时有手续费；C 类基金属于后端收费，申购时没有手续费），如果投资者通过网格交易法买卖场外基金，选择交易成本低的 C 份额更划算。

第五章

量化投资——Smart投资方法

第一节　打开量化投资的"黑箱"

一、量化投资的理念

量化投资是根据股票市场的内在运行逻辑，运用数学和统计方法建立模型，形成投资决策并做成程序，从而进行自动化交易的一种投资方式。通俗来说，量化投资就是由计算机按照模型设定好的规则进行投资交易决策的投资方式。

区分投资策略是否属于量化投资的关键在于，在该策略下投资组合的交易品种的选择和交易规模的大小是依赖系统（或模型）还是依赖主观判断决定的。如果建仓（或调仓）的时机以及头寸的规模大小都是系统自动生成的，那就是量化投资；如果两者中有一个是需要人工干预的，就不是量化投资。

随着计算机应用的普及，出现了越来越多的伪量化投资。一种情形是，有些人会利用计算机编程按照某些指标筛选股票，从全市场股票中筛选出一个数量相对较少、个人研究可以覆盖的股票池，再从这个股票池中选择值得进行投资的标的。还有一种情形是，先使用电脑筛选出所有能交易的标的，再由人来决定如何在这些标的间分配权重。以上这些情形虽然都采用了量化投资常用的研究、分析工具，但都不能算是量化投资，因为他们的投资策略制定和实施过程并不都是系统化、由模型驱动的，而是加入了人工干预。

二、量化投资是"科学的冒险"

如果说投资是"冒险"，那量化投资就是"科学的冒险"。

科学研究方法主要包括三个步骤：观察，假设，验证。科学理论的提出大多是人们先观察到生活中的一些现象，然后从这些现象中归纳出某个假设，最后用这个假设去预测某个现象的发生。如果真的发生了，就说明这个假设是成立的，可以升级为理论；如果没有发生，就说明假设错了，需要做一些修正。比如，著名的"孟德尔遗传定律"，首先是格里哥·孟德尔观察到植物的杂交后代会表现出一些规律，他基于此提出了一些假设，进而利用豌豆进行杂交实验，证明了自己的假设，最终发现了遗传规律，从此载入史册，掀开了遗传学的历史篇章。

量化投资在形成投资策略时也遵循科学研究方法的三个步骤。首先，观察市场运行的规律。这个规律可以通过阅读投资大师的著作获得，也可以通过直接观察市场的交易数据归纳总结获得，或者是通过其他各种方式获得。然后，提出能够影响股票收益的假设。这个假设也就是通常所说的投资逻辑，如低估值的股票未来收益会比较好、最近涨得多的股票大概率会继续涨得更多。最后，用数据进行验证。验证既包括用历史数据去模拟，也包括用未来数据去检验。历史模拟就是假设在过去的某些时刻我们按照设想去构造投资组合，将会取得怎样的收益。

对于量化投资，历史模拟表现出色并不意味着这种投资策略或投资逻辑就是有效的，因为可能存在过度拟合的情况，最重要的是需要用未来的数据检验（也称为样本外检验），并且检验的时间不能太短。只有在未来一段时间我们设想的投资逻辑构造的组合继续表现出色，才能证明这个投资逻辑是成立且有效的，才可以被采纳用于真金白银的投资。

三、历史回溯对量化投资的意义

研究是量化投资的核心，研究的目的是检验周密思考的投资策略。专业人员基于研究进行策略的选择。研究要遵循科学的方法，投资经理对投资有想法后还要检验这个想法是不是有效可行的、投资逻辑是不是成立的，而历史回溯就是检验的主要方式，即用历史数据来检验策略的有效性。

历史回溯就是首先用真实的历史行情数据构造出一个模拟的交易环境（回溯环境），假设策略能够穿越时空回到过去，重头开始运行一遍，然后根据输出的交易记录计算盈亏情况，统计策略的绩效表现，比较分析不同策略的优劣。

历史回溯验证策略的过程比较简单。首先，构建模型，并基于数据的某个子集（样本内数据）训练这个模型寻找最优参数；其次，在数据集的另外一个子集（样本外数据）检验是否有收益。

历史回溯的第一个步骤是基于样本内数据寻找模型的最优参数，这个过程叫作样本内测试。样本内测试包含一个重要的决策，即样本的宽度和长度。宽度指股票数量的确定，是全市场的股票还是某几个行业的股票；长度指用于测试的时间窗口，是只要最近的数据，还是要更长时间的数据。历史回溯测试的第二个步骤是样本外检验，用于验证策略在实际中是否起作用。在此之前，模型的参数已经通过样本内测试确定下来，问题是基于已经被选择的参数、模型是否能在全新的样本外数据中真正起作用。

历史回溯测试大大提高了策略开发和优化的效率，摆脱了时间的限制，能够快速评估策略，而后根据评估结果进一步优化策略，再通过回溯测试继续评估优化后的策略，然后再优化，不停地螺旋迭代，最终得到能够用于实盘实现超额收益的策略。

四、量化投资与传统投资

量化投资与传统投资最主要的区别在于投资策略如何被制定以及如何被执行。从事量化投资的人一般被称为宽客。通过仔细研究、反复验证，宽客像科学家验证科学猜想的方法那样分析评估各种可能的投资逻辑，这是投资策略的制定过程；通过使用计算机、系统化的实施策略，消除很多存在于主观投资中的随意性，这是投资策略的执行过程。

按照量化投资的设定，由情绪、无纪律性、激情、贪婪和恐惧驱使的决策，通过采用量化投资都能被消除，而这些心理因素被绝大多数的人认为是投资中出现重大失误的主要原因。

归纳下来，量化投资主要有以下优势：

1）覆盖面广。通过多层次的量化模型以及计算机强大的数据处理能力，能够覆盖全市场的投资品种，捕捉多元的投资机会。

2）客观科学。按照科学研究方法严格验证投资策略，准确客观地评价交易机会，克服主观情绪的偏差，通过全面系统的扫描捕捉错误定价和错误估值带来的机会。

3）纪律严明。严格执行量化投资模型所给出的投资决策。市场短期价格波动会显著影响交易员的情绪，过度恐慌和过度贪婪反过来影响决策质量，量化投资的纪律性可以克服人性的弱点。

4）概率取胜。量化策略经过严格检验后，都是大概率能获胜的策略。量化投资与生俱来要求分散化投资，从投资组合的理念来看也是捕获大概率获胜的股票组合，并不会"押宝"到单只股票上，避免集中持股的风险。分散化投资还意味着投资容量大，能承接大规模的资金。

当然，也有一些问题是量化投资目前很难解决的。首先，一些事件类、宏观类的投资无法被量化。一种是有些事件是一次性发生的，无法用数据表达；另一种是有些事件可以用数据表达，但影响这些事件的数据太多无法穷举，比如影响宏观经济的因素可能有无穷多个。其次，同质化问题。当大家都采用相同的模型进行交易，所有人的动作都是一致的，此时就会发生一些莫名其妙的大涨大跌。还有就是使用量化投资的人内心是否足够强大。虽然量化投资能克服人的主观情绪的干扰，但当模型亏损时，有足够的信心坚持也是一件很不容易的事情，能够坚定地认为"自己在做正确的事情"非常难。

五、量化投资研究中应注意规避的陷阱

前文提到，研究是量化投资的核心，而量化投资进行研究的"大杀器"就是历史回溯测试。量化投资的研究工作就是不停地进行策略螺旋迭代，但稍有不慎就会落入陷阱，使得好不容易开发出来的看起来很完美的策略用真金白银投资后就出现亏损。

量化投资研究中最主要的陷阱有三个：幸存者偏差，使用未来数据，过度拟合。

1）幸存者偏差是误排除了目前已被退市或因其他原因消失的品种。将已淘汰的品种排除掉，只留下幸存者，也会使回测收益率偏好。在历史回溯时要特别注意，不能贪图数据处理的方便，直接用当前的股票池进行历史回溯，而是要切切实实地还原历史的情况，保留历史上每个时点的股票数据。

2）使用未来数据，简单说就是在历史回溯时穿越时空，把后来发生的信息也一起带回去了。比如，在年报公布前使用年报的市盈率，在收盘前使用收盘价。将未知当作已知，会使回测收益率偏高。因此要在回溯测试环境上构造一个数据过滤网，排除所有可能用到未来信息的数据，从源头上保证

策略在回溯时不会用到任何未来的信息。

3）拟合是优化策略的重要方法，但过度拟合会使策略在回溯测试阶段其本身优异的表现无法在实盘上线后复现，俗称"见光死"。一个策略，确定了基本的投资框架和交易规则之后还需要进行微调和优化，进一步提高收益并降低波动。这个微调优化的过程，就是拟合。过度拟合会使策略失去通用性，虽然能在历史回溯时拟合出非常漂亮的收益曲线，但并没有什么实际意义，毕竟我们不能真正地穿越时空去赚钱，投资还是要面向未来。解决过度拟合的方法主要是：参数不要太多，做好样本内测试和样本外检验，进行参数敏感性分析。量化策略应该是具有真实世界经济含义的投资逻辑，而不是根据一些试错法则穷举出来的结果，从而使模型可以覆盖过去以及未来更广泛的市场情况。

六、如何评价量化投资的优劣

投资是用未来的风险去交换未来的收益，想获取收益就必须承担一定的风险。在评价投资的优劣时，不管是传统投资，还是量化投资，抑或是其他投资，都必须同时考虑收益和风险。

评价一种投资好不好，应该是用"风险交换收益划不划算"来衡量，简单说就是性价比的概念。如果用1元钱的风险能换来100元钱的收益，那是相当划算；但如果用1元钱的风险只能换来1分钱的收益，那就太不划算了。

根据这种朴素的性价比概念，就有了夏普比率。夏普比率是美国的经济学家、诺贝尔奖得主威廉·夏普提出的计算公式。这个比率的计算很简单，就是期望收益率除以收益的波动率，这里用收益的波动率来度量风险。如果把分子中的收益率替换为超额收益率，分母中的波动率也相应地替换为超额收益率的波动率，就得到了信息比率。

夏普比率与信息比率的区别在于，夏普比率追求的是市场的风险收益比，也就是通常说的 Beta 收益；信息比率追求的是超越市场基准的超额收益，即通常说的 Alpha 收益。它们都能用来衡量投资的性价比。

性价比是评价投资好坏的标准，而夏普比率可以用来代表性价比，因此任何投资组合的表现都可以采用夏普比率进行比较。追求高性价比的投资，也就是要求组合的夏普比率要高。同样的，如果我们评价的是超额收益，那就可以用信息比率来进行比较。

七、量化投资是一种投资价值观

量化投资有助于投资者形成健康的投资价值观，坚持分散化投资，设置合理的投资收益预期，坚持长期投资，不要过多地关注短期的市场波动。

量化投资天然是分散化投资，但并不是股票数量多就是分散化。即使股票数比较多，但如果都是某个行业主题或某一种风格的股票，实际上并没有起到真正分散化的作用。量化投资借助风险模型和组合优化模型，能够充分实现风格和行业的分散化。

分散化能够避免单一资产的大幅回撤造成的损失，在避免损失的同时，投资者也需要对自己的投资收益设置合理的期望值，坚持风险收益相匹配的原则。在投资过程中，当投资组合亏损 50% 以后，再实现扭亏为盈是很难的，需要获取 100% 以上的回报。如果要获得 100% 的回报，承担的风险要比 50% 的回报所承担的风险高很多。在高风险、高波动的情况下，人的心态极易失衡，变得激进，最终掉入"赌徒陷阱"。

有了合理的预期收益，只有坚持长期投资，才能让复利发挥作用，收获时间的"玫瑰"。一个好的量化投资策略都是要经过历史数据充分验证的，只要能长期坚持下来，大概率都能获得不错的收益。投资者应长期坚持与自己风险收益匹配、经过检验的投资策略，即使市场大涨也不贪婪，即使市场大跌也不恐惧。

如果能够真正坚持长期的投资理念，就不要过多关注短期的市场波动。一个好的策略或者一位有能力的基金经理，需要 3~5 年甚至更长的时间来验证。在 A 股这种大涨大跌、风格和行业主题频繁切换的市场下，基金数量已经远远超过了股票数量，仅靠能力是很难排名靠前的，运气的成分也很关键。正所谓，"年年岁岁花相似，岁岁年年人不同"。

八、国内主要的量化投资策略

从 2010 年开始，国内的量化投资策略虽然已开始快速发展，但仍然受到很多限制，能够真正采用量化投资策略的投资标的主要是股票、基金、期货和债券。

国内的量化投资策略大多应用于股票市场，而 A 股的参与者以散户为主，交易流动性较好，市场有效性程度相对较弱，更容易获得超额收益，非常适合量化投资。

国内早期的量化投资策略以 ETF（交易型开放式指数基金）套利策略为主，随着基金品种的创新，也产生了分级基金的套利策略。之后，随着监管政策的改变，分级基金逐步退出历史舞台，基金交易成本增加，量化投资想在基金上获利变得越来越难。

期货市场主要分为商品期货、股指期货、国债期货。随着品种的丰富以及交易量的增加，商品期货近年来越来越受到投资者的重视，成为 CTA 策略（也称作"管理期货策略"）的主要投资品种。2015 年股灾㊀之后，股指期货受到监管政策的限制，交易活跃度大幅下降，近几年才有了逐步放开的趋势。目前参与国债期货的投资者仍较少，量化投资在其中还无法发挥作用。

国内的量化投资者一直以来对债券市场的参与度较低，随着国债期货的

㊀ 2015 年 6 月，新股扩容和清理场外配资引发股灾，一年时间沪指从最高 5178.19 点下跌至 2638.30 点，最大跌幅 54.3%。千股跌停屡见不鲜。

上市以及债券违约事件的增多，债券投资研究特别是信用风险研究日益受到重视，量化投资策略在未来或许能在债券市场上有所建树。

国内的量化投资策略主要有四种：量化选股，量化择时，CTA策略，套利策略。量化选股策略是利用数量化的方法选择股票组合，其中以多因子模型为主流。如果在量化选股策略的基础上增加股指期货对冲，又可以衍生出Alpha中性策略。量化择时策略利用数量化的方法，通过对宏观、微观指标的量化分析，寻找影响市场指数走势的关键信息，从而预测未来走势，进而调整仓位。择时的难度是非常大的，因此量化择时策略只能是追求较大概率的正确，不可能做到永远正确。CTA策略主要适用于股指期货和商品期货投资，利用对市场趋势的判断灵活地变换多空头寸以获取收益。套利策略主要是利用相同或相近的投资品种的价格差异，建立头寸大小相同、方向相反的仓位，在价格收敛时获利。套利策略主要有股指期现套利、跨期套利、统计套利、分级基金套利等。

九、数据的重要性

有句名言"Garbage in, Garbage out"（进来是垃圾，出去也是垃圾），意味着如果你使用的输入数据质量不好，也就不要期望有好的结果输出，这里主要是要强调数据对量化投资的重要性。

从很多角度都可以看出，如何强调数据的重要性都不为过。如果没有做好数据的搜集和预处理工作，将会带来严重的后果。错误的数据会导致大量研究时间的浪费，在极端情形下甚至会得出毫无意义的结论。如果数据本身存在严重问题，无论检验方法多么复杂、模型多么完美，都不可能判断出待检验的量化投资策略是好还是坏。因此，一个顶级的量化团队会投入大量资源和精力搜集数据、清洗数据以及优化数据存储方式。

量化投资策略研究用到的数据大体上可以分成两大类：行情数据，基本面数据。行情数据不仅包括与金融产品价格相关的数据，也包括从交易行为中得到或提取的其他信息，如交易量、交易时间、交易对手方等。基本面数据包含的范围比较宽泛，从某种意义上讲，基本面数据是指行情数据之外的所有数据，最常见的有资产负债表、利润表和现金流量表等。

数据可以通过多种途径获取，最直接也最具挑战性的是从源头直接获得原始数据，然后自己加工、清洗。这种方式的优势是可以最大限度地控制数据的清洗和存储，但成本很高。更常见的做法是使用专业的数据供应商提供的加工后的数据，可以给研究团队带来很多便利，但因为数据的传输环节中多了中间商，就丧失了速度优势以及对数据清洗和存储的控制权。

尽管原始数据供应商或第三方数据供应商在数据质量方面做了很多工作，但仍会不可避免地出现数据缺失或错误的情况。如果忽视这一问题，可能会带来严重的后果。因此，研究团队在使用数据时必须有数据缺失处理和异常值过滤的机制，以及时识别缺失的数据或出现异常值的数据并进行处理，通常会需要对不同数据源的数据进行交叉检验。在清洗数据时，还要注意避免引入"前视偏差"问题，"前视偏差"简单说就是"昨天之前已经知道了昨天的新闻"。

十、量化模型可以一劳永逸吗

A股市场的主题和风格轮动较快，一会儿是价值风格，一会儿是成长风格，一会儿是消费主题，一会儿是医药主题，一会儿又是新能源主题。实际上，很难有一种投资策略或者一种投资风格在任何市场中都能持续赚钱。

量化模型中主流的Alpha模型是多因子模型，多因子模型里的每个因子都是一个投资逻辑。根据这个因子的投资逻辑，假设会产生超额收益，量化用历史数据来验证这个假设是否成立。如果成立，就假设它未来还会继续成立。如果跟踪之后发现这个逻辑不工作了，则需要分析原因。如果市场变了，这个因子可能就失效了，就应该从多因子模型中剔除或者降低这个因子的权重。也就是说，没有一个因子是能够永远产生超额收益的。

单个因子的波动比较大，把多个相关性不高的因子放在一起，因子与因子之间的风险不但可以互相抵消，还能产生因子分散化的收益。通过多因子模型的方式，单一风格就能有效规避市场风格切换的影响。

与所有的投资策略一样，量化投资策略虽然有很多优势，但它本身并不是一把"金钥匙"，因为不存在可以一劳永逸的模型。量化模型是对市场过去行为的归纳和对未来即将可能发生的情况的推演，随着时间的推移，当市场条件改变时，模型很可能会失效。模型会失效虽然是一件很正常的事情，但并不意味着我们就只能坐以待毙，正如多因子模型的投资理念和运作机制，通过持续不断的量化投资研究，不停地根据市场环境的变化更新完善模型，剔除失效的因子，补充能应对新变化的因子，让模型能够及时适应市场变化，尽量减少模型失效带来的损失。

十一、如何正确理解量化投资的"黑箱"

"黑箱"这个词听起来带有神秘色彩，但更多的是反映人们对量化投资的不了解，导致人们对量化投资形成了刻板印象，认为量化投资是复杂和神秘的，导致有一种先入为主的偏见——"由于我不了解量化黑箱策略如何运作，因此从来不投资量化产品。"

量化投资策略本质上是一种决策过程，绝大部分的量化投资策略都是很容易理解的，并不会比其他投资决策过程更难于理解。在研究量化投资策略时，也是首先观察市场，产生普通人都会产生的想法，然后采用市场的客观数据进行研究确定这个想法是否正确，而不是基于道听途说或者有限的经验甚至直接假设想法是正确的。一旦得到一个满意的策略，我们就会将这个策略设计成一个量化系统。通过这个系统进行投资交易时，排除了情绪的影响，严格地执行经过测试和检验的策略。当然，有了量化系统并不意味着所有的事情都完全交给计算机自动执行，人仍然掌握着"开关"，一旦观察到市场走势已经超出模型可以控制的范围，便可以通过这个"开关"暂停策略的执行来降低风险。

量化投资的这个"黑箱"有点像内部布满齿轮的精密的钟表，理解"黑箱"最好的办法是逐一了解量化投资系统的各个组合部分。但就像钟表那样，我们并不需要知道钟表里有多少个齿轮和每个齿轮的大小，普通投资者不用非常清楚量化投资系统的每个组成部分，只需要知道一个完备严谨的量化投资系统会像钟表那样有条不紊地按照既定的策略运行即可，而这些策略其实是很容易理解的。

十二、量化投资模型

说到投资策略，大部分人的第一反应就是能够创造收益的策略。这是一个投资策略的核心部分，也就是通常说的 Alpha 模型，量化投资策略当然也不例外。一个完备严谨的量化投资体系只有 Alpha 模型是远远不够的，还应该包括风险模型、组合管理模型和交易执行模型。

Alpha 模型旨在预测股票的未来收益，是追求超额收益的核心。风险模型旨在帮助控制不太可能带来收益却会造成损失的风险敞口的大小。组合管理模型利用 Alpha 模型、风险模型的结果作为输入变量，在追求收益和控制风险、交易成本之间进行平衡，从而确定最佳的投资组合，而后将目标投资组合传输给交易执行模型，由交易执行算法利用其他输入（如执行交易的紧迫性和市场流动性）用最高效率和最低成本的方式执行交易。

量化投资模型中的这几个部分并不是严格区分、彼此孤立的，而是可以互相融合的。比如，既可以把任何关于风险的要求和认为有必要的限制加入 Alpha 模型中，也可以根据自身实际交易执行的数据去优化组合管理模型。

一个完备严谨的量化投资体系要正常运作，还有两个必不可少的部分：数据，研究。缺少了数据尤其是精确的数据的输入，这个体系将毫无用处。量化投资研究人员通过输入数据，对信息进行加工，做出交易决策，进而建立模型。同时，体系中的各个模块，需要基于大量的研究才可能正确建立，而研究通常包含对数据的测试和检验。可以说，数据是量化投资的命脉，而研究决定了量化投资体系的层次。

第二节　多因子模型

一、多因子模型概述

多因子模型是市场上量化选股模型中主流的、应用广泛的模型。多因子模型中的因子是指能够刻画股票在某些方面的特征，并对股票收益的相对大小具有预测能力的指标。对股票收益的相对大小具有预测能力是指，因子值大的股票的收益应该比因子值小的股票的收益高。比如，用市盈率的倒数（EP）代表价值因子，EP值越大表示估值越小、价值越高。长期或者在某一段时间内来看，EP越大的股票，未来的收益可能越高，也就是EP这个指标对股票收益的相对大小具有预测能力。

因子刻画了股票某一方面的特征，因此在构造因子时，应首先确定该因子要代表股票的哪个方面的特征。比如，动量因子表示的是股票价格的趋势性特征，通常可以用最近一段时间的涨跌幅来计算。

每个因子都代表股票某一个侧面的特征，背后都是一条投资逻辑，代表成长性、估值、盈利质量等，并且都具有一定的预测能力。因子的数量可以有几十上百个甚至上千个,在因子数量很多的情况下,如果单独分析每个因子,不仅难以操作,而且效果不一定好。如果能综合考虑这些因子,将其整合为一个数值,就是通常说的 Alpha 因子,用这个 Alpha 因子代表多因子模型对股票收益的预测,并且使得 Alpha 因子对股票收益的预测比每个单独的因子更加准确和稳定。因此,多因子模型的目标就是整合许许多多的对股票收益具有一定预测能力的因子,取长补短,形成最终的 Alpha 因子代表模型对股票收益的预测,并且这个 Alpha 因子的预测能力比模型中的每个单因子都要好。最简单的整合方法就是直接相加,当然现在也可以通过机器学习等各种算法实现对多个因子的整合。

二、大类因子的投资逻辑

多因子模型中的每一个因子代表股票某一方面的特征,而通过这些特征可以在一定程度上预测股票收益的相对大小。常用的因子大致可以分成基本面因子、技术面因子、分析师预期因子、事件驱动因子等几大类。

1)基本面因子中最典型的因子类别是价值和成长。其中,价值通常用市盈率、市净率来刻画,成长指业绩增长。此外,还有规模因子或市值因子,代表股票市值的差异。还有一类称为质量因子,用来刻画上市公司的资产收益率的质量,比如常听到的净资产收益率(ROE)、资产回报率(ROA)。

2)技术面因子中用得比较多的是动量因子和反转因子,动量因子认为前期涨得好的股票大概率会继续涨,而反转因子认为前期跌得多的股票大概率会涨得好。

3)分析师可以预测公司盈利,也可以预测股票目标价格,还可以调整公司评级。我们通常认为分析师通过对上市公司的深入研究能够前瞻性地判断公司盈利情况的变化,因而可以根据分析师的预测情况做出投资决策。

4)事件驱动因子是一类比较特殊的因子,刻画公司发生某些事件对股价的影响，比如定向增发、限售股解禁、开展员工持股计划、调入或调出一些重要指数的成分股（如沪深 300 指数）。事件驱动研究的本质是市场参与者内心预期、相互博弈的投资心理研究，通过量化分析的手段，可以检验不同事件的发生对股票价格的影响以及影响的时间长度。

三、因子标准化和中性化

不同的因子代表股票不同方面的特征，具有不同的计算方法和数值单位，比如市值的单位是元，量级是亿；PE 是比值，没有单位，数量级是个位数或两位数；ROE 是资产收益率，单位是百分比。多因子模型的目标是综合考虑股票多个侧面的特征，最终得到能对股票收益进行预测的 Alpha 因子，如果因子值的单位和数量级都不一样，是无法直接进行加减运算的。当各指标间的量级相差很大时，如果直接用原始指标值进行分析，就会突出数值较高的指标在综合分析中的作用，相对削弱数值较低指标的作用。为了实现多因子模型的目标，需要对模型中的每个因子进行标准化处理，统一因子的单位和数量级，让因子之间能够公平地进行互相比较和加减运算。

最常用的标准化处理方法也称作 Z-Score 方法或者正规化方法，计算过程是：首先，求出指标所有原始数值的均值和标准差；然后，将每个原始数值减去均值后再除以标准差。公式如下

$$y_i = \frac{x_i - \bar{x}}{s}$$

式中，$\bar{x} = \frac{1}{n}\sum_{i=1}^{n} x_i$；$s = \sqrt{\frac{1}{n-1}\sum_{i=1}^{n}(x_i - \bar{x})^2}$。

在进行标准化处理之前，通常会先做去极值处理，以避免极端值的影响，处理方法一般是将明显极端的数值直接剔除或者替换为某个临界值。经过标准化处理得到的数据符合正态分布，即均值为 0，标准差为 1，超过 99% 的数据会落在 [-3, 3] 区间之内。经标准化处理后的数据并不会改变原始数

据的相对大小关系,也就不会改变指标对股票收益的预测能力。将多因子模型中的所有因子都进行标准化处理后,就能进行加减运算得到 Alpha 因子了。

中性化是在标准化处理的基础上进一步排除某些因素的影响,最典型的例子是市值中性化和行业中性化。通常是采用线性回归的方法,将目标因子作为被解释变量,将市值和行业作为解释变量,回归得到的残差就是剔除市值和行业的影响后的因子。比如,成交额这个指标与市值的相关性很大,市值大的股票通常每日的成交额也大,如果直接将成交额和市值两个指标放入模型中,其实有很多重复的信息,对提升模型的预测能力帮助不大,需要对成交额进行中性化处理,提取成交额指标中的增量信息。

四、如何评价一个因子的效果

评价一个因子的效果通常有三种方法,分别是分组收益、IC 和组合优化收益。

分组收益比较简单。首先,每月月末按照因子值的大小排序将股票平均分成 10 组,分组的数量并不是固定的,也可以是 5 组或 7 组,分组的数量越多,越能深入分析因子的预测能力。然后,计算每组股票在下一个月的平均收益率,如果每组收益率的大小顺序与因子值的大小顺序相同,就认为分组收益具有单调性,分组收益越接近等差数列,单调性越强。分组收益单调性强的因子具有较强的预测能力,因为只要买入持有因子值大的那组股票,就能获得相对较好的收益。

IC 即信息系数(Information Coefficient),是股票的期初因子值大小顺序与股票期末收益率大小顺序的相关系数。IC 的绝对值越大,表示因子值的大小顺序与股票收益率的大小顺序的相关系数越高,即预测能力越强。IC 大于 0 表示因子值越大股票收益率越高,IC 小于 0 表示因子值越小股票收益率越高。举个简单的例子,假设有 10 只股票,如果某个因子的 IC 等于 1,也就是因子值的大小顺序与股票收益率的大小顺序完全正相关，那就意味着因子值最大的股票的收益率总是最高的。

如果不断增加分组收益中的分组数量，当每只股票就是一组时，这时的分组收益就变成了计算 IC，所以可以认为分组收益是 IC 的一种简化形式。

分组收益和 IC 这两种方法实际上都是简单地估计因子的预测能力，并且往往是高估的，并没有考虑实际交易中可能存在的交易限制对收益的影响。

通过组合优化收益的方式，加入实际投资中可能存在的交易限制，比如股票权重不能为负（也就是不能做空）、换手率不能太大（不能超过20%）、行业偏离限制（比如行业偏离不能超过2%）、风格因子上的偏离限制等，按照优化模型构造组合，计算这个组合的收益，就是最接近因子在实际投资中能够实现的收益。因子的优化收益越高，说明这个因子越有效，越能在实际投资中贡献收益。

五、为什么有些因子的超额收益不理想

有些因子的分组收益和 IC 都很高，为什么实际投资时超额收益却很不理想？

分组收益是先将股票按照因子值大小排序后分组，然后计算每组的平均收益率，并分析分组收益的单调性。IC 是计算因子值的大小顺序与股票收益率的大小顺序的相关系数。分组收益的单调性越高，IC 越高，表明因子的预测能力越高，但为什么实际投资时超额收益不理想呢？主要原因是分组收益和 IC 往往高估了因子的预测能力。在给股票分组时，如果没有剔除一些交易受限的股票，比如长期停牌的股票复牌后可能连续涨停或跌停，连续涨停的股票实际上是很难买入的，每月调整分组时也不会考虑换手率的限制，因此这样计算得出的分组收益是失真的，实际投资效果会大打折扣。计算分组收益时，需要注意用来分组的样本空间是不是可交易的，要注意剔除一些交易

受限股票的影响。

IC 计算的是因子值大小顺序与股票收益率大小顺序的相关系数。因子值越小，股票收益率也越小，即使在因子值越大而股票收益率并没有越大的情况下，IC 值也会比较大。但在实际投资中，A 股只能做多不能做空，因此买入的组合通常都是因子值比较大的股票，而这个因子恰恰对因子值比较大的这部分股票的预测能力较低，导致实际投资的股票组合的收益率不高。虽然整体 IC 比较高，但其实是被因子值比较小的股票拉高了，而这部分的收益在实际投资中往往拿不到，这种情形就是通常说的"空头收益不可得"。因此，在分析因子的 IC 值时，要注意观察 IC 是不是空头部分贡献的，如果空头部分贡献的占比过高，就不是一个好的因子。

六、如何找到那些简单有效的因子

在寻找或挖掘因子的方式上主要有两种思路：一种是先有投资逻辑，再寻找相应的指标来刻画这个投资逻辑，并检验这个指标的有效性，同时不断对指标的计算公式进行调整以改进指标的预测能力；另一种是直接挖掘指标与股票收益率之间的规律，而不关心这个指标所代表的经济含义，只要这个指标具备预测能力即可。第二种方式的指标计算公式往往比较复杂，也难以有一个直观的理解。

在多因子模型中，第一种是主流的方法。多因子模型中的大部分因子都是建立在投资逻辑的基础上的，具有明确的经济含义，比如价值因子和成长因子。采用这种套路寻找因子，就需要不断地积累投资逻辑，投资逻辑简单来说就是"如果……，就……"的关系，比如如果股票具有某种特征，收益率就会比较高或比较低。投资逻辑可以通过阅读投资大师的著作、研究学术报告、与同行交流、观察市场运行规律等方式来获得。提炼出投资逻辑后，还要将这些投资逻辑指标化，这也是量化投资最主要的工作。将投资逻辑用量化的方式进行定义，转化为具体的公式和数字，也就得到了因子或指标，接下来就是检验这些因子的预测能力。在大多数情况下，通过简单方法得到的因子的预测能力并不高，有可能是指标的计算公式或数据不能完全反映投资逻辑，这时候就需要对计算指标的公式和所采用的数据进行修正和调整，让指标能更加准确地反映投资逻辑，提升预测能力。当然也有可能是这个投资逻辑本身就是不成立的，或者预测能力本身就不高，这时就需要对投资逻辑进行甄别。

在第二种思路中，比较常用的是采用机器学习或数据挖掘的方法挖掘因子。首先，输入各种类型的数据：可以是基本面的数据，比如营业收入等；也可以是行情数据，比如收盘价、成交额等；还可以是新闻舆情等。然后，由机器进行训练，寻找这些数据与股票收益率之间的相关模式，用来预测股票的未来收益。这种方式不关心背后逻辑，也不探究因果关系，只追求在样本内构建函数提升拟合度，这样可能会有一些未知的问题。因此，机器学习作为一个工具，需要谨慎使用。

七、挖掘因子过程中需要避哪些"坑"

在挖掘因子或开发量化模型的过程中经常会遇到一些"坑"，比较突出的有幸存者偏差、使用未来数据、过度拟合等。

大多数人都听过幸存者偏差，也知道它的意思，但可能都没有认真想过这个偏差的影响会有多显著。比如，我们用沪深300指数的当前成分股来进行回测，从现在的成分股中计算因子值，然后回测其在历史中的表现。由于指数每半年都会进行成分股调整，留在指数中的股票一般都是好的股票，这会使回测结果比实际结果好。要避免踩"坑"，就要用到时点数据（Point in Time，PIT数据）进行回测，要按照数据当时公布的状态如实记录，不能事后去修正。比如，股票A在上年年底的时候退市了，有的回测数据可能就会把股票 A 从数据库中删除，在回测的时候就永远不会选到它，但这种处理显然不合理。如果用 PIT 数据，就要如实地保留股票 A，因为在它发布退市公告前我们并不知道股票 A 何时会退市，是有可能会选到这只股票的。

前文提到，使用未来数据也称为"前视偏差"，就是在回测中使用了当下还未公布的数据。最常见的是财务报告，上市公司的年报通常是第二年的 3、4 月份才会公布，而报告期都是前一年的 12 月 31 日，做回测的时候很容易在第二年的 1 月份就引用了这些年报数据，比如净利润；或者间接引用这些数据，比如计算市盈率时采用的净利润。避免使用未来数据的方法也比较简单，就是在回测时坚持使用 PIT 数据。

此外，过度拟合是一类经常遇到的坑，也是量化投资的致命风险，特别是一些可以设置参数的指标。比如动量指标，可以用过去 20 天的收益率来定义，也可以用过去 50 天的收益率来定义。在某一个时间段内，总是能找到一个最优的参数，比如 30 天，使得在这段时间内的动量指标具有最高的预测能力，但往往过了这段时间这个参数的动量指标就不管用了。过度拟合问题与提高预测精度在样本内并不容易区分，通常需要通过样本外的检验进行判断，如果样本内表现很好而样本外表现很差，往往就是因为样本内过度拟合了。通常来说，指标的参数越多，就越容易存在过度拟合的问题。

八、多个因子如何组合成 Alpha 因子

多因子模型中的每一个因子都代表股票某一方面的特征，数量不少的因子最终要组合成单一的 Alpha 因子，在最终合成 Alpha 因子之前，首先需要将指标合成因子。

股票的每个特征都可以用多个指标来刻画，比如动量因子，可以是 20 日的涨跌幅，也可以是 1 年的涨跌幅，哪个指标更能代表动量因子呢？这时候，往往将按照不同周期的涨跌幅计算的指标简单求和作为动量因子。当然，这

些指标在合成动量因子之前都是要做标准化处理的，合成后的动量因子也要再做标准化处理。

刻画同一特征的指标在合成因子时可以简单求和，主要是因为这些指标之间往往具有很强的相关性，它们之间的区别可能就是参数不同。但是代表不同特征之间的因子在组合成 Alpha 因子时，简单求和不一定是最好的方法。

不同的因子代表不同的投资逻辑，不同的市场环境所适应的投资逻辑也有所不同，因子的预测能力也往往是有周期性的，因此根据因子的预测能力的大小赋予因子不同的权重，即 IC 加权，IC 值高的因子权重也大，从而提升 Alpha 因子的预测能力。当然，如果既看重 IC 值的大小，也看重 IC 值的波动，可以考虑根据 ICIR 来进行加权。ICIR 的计算类似基金的 IR（信息比率）公式，由 IC 的均值除以 IC 的标准差得到。

九、如何不断叠加新的因子

在已有 Alpha 因子的基础上，如何不断叠加新的因子？

股票每个方面的特征，都对股票收益的相对大小具有一定的预测参考价值，一个有效的多因子模型应该含有数量较多的因子，且这些因子所刻画的股票特征之间的相关性应该是比较小的。

多因子模型的优势就在于能够综合考虑股票方方面面的特征，取长补短，获取整合优势。因此，不同的因子之间的相关性要低，否则如果两个具有高相关性的因子实际上就等价于一个因子重复多次，对 Alpha 因子预测能力的提升不但没有帮助，反而会增加 Alpha 因子在股票某个特征上的暴露，从而丧失多因子模型的整合优势，增加风险。

因此，如果已经有了一个比较成熟的多因子模型，在叠加新因子时，就相当于组织要接纳新成员，既要考察这个新因子本身的预测能力，也要看新因子与已有多因子模型中的因子的相关性，最重要的考量是要能提供增量信息，比如带来了新的投资逻辑或者新的数据处理方式。在新因子 IC 值不低的情况下，如果与原有因子的相关性比较低，就可以作为新的成员直接加入；如果与某个因子的相关性比较高，可以与已有的因子组合，甚至可以直接替换已有的因子。

十、因子会失效吗

使用多因子模型的目标是整合多个对股票收益具有一定预测能力的因子，取长补短，最终组合成 Alpha 因子，代表模型对股票收益的预测，那这个多因子模型会一直有效，可以"躺赢"吗？

要牢记投资中没有永恒的"圣杯"，多因子模型也不例外，并不存在永远有效的模型。多因子模型由许许多多因子组成，每个因子代表不同的投资逻辑，每种投资逻辑都有其适应的市场环境，因此多因子模型中的某些因子暂时失效是很正常的事情。多因子模型的优势是整合，由许多因子组合成 Alpha 因子时已考虑到因子失效的情况，在赋予预测能力高的因子更高的权重时，也就是给予失效的因子更低的权重甚至权重为 0，自然而然地就降低了这些失效因子对 Alpha 因子的影响。

既然已经认识到多因子模型不能一劳永逸，那研究者日常的工作就是不断地往多因子模型中补充新的因子，替换已经明显失效的因子，丰富多因子模型中的因子库。因子越多，覆盖的投资逻辑越多，越能发挥多因子模型的整合优势。

投资有风险，收益有波动。多因子模型最终得到的 Alpha 因子虽然也可能会遇到短暂的回撤，但只要是真正的多因子模型，包括许多相关性低的因子，那么，由多个因子组合成 Alpha 因子的加权方式就能够真正给高预测能力的因子更高的权重，这样的多因子模型就具有自适应能力，在短暂回撤之后会自动调整及时走出低谷，继续发挥多因子模型的优势。

第三节 风险模型

一、对分散化的误解

量化投资在持股上会进行一定程度的分散,起到平衡个股特异性风险的作用。然而,并不是持股数量越多,投资就一定越分散,越能够起到分散风险的作用。比如,如果持仓50只股票,全部是新能源行业的股票,虽然持有的数量不少,但是一旦该行业出现反转,如政策影响、产业影响,这50只股票或多或少都会受到影响,并没有起到很好的分散行业风险的作用。

再举一个例子,如果持仓的股票很多,虽然来自不同的行业,但有同样的属性和风格,比如都是一些属于各个行业在成熟期的价值股,这类股票的特点是分红高、估值低、公司经营稳定,但成长性较差。价值股在2019年下半年至2020年年底的整体表现比较差,跑输沪深300指数。因此,如果全部持仓价值风格的股票,可能在有些阶段并没有很好地分散风格变化的风险。

再举一个量化投资里非常经典的小市值因子失效的例子。假设持有一定数量的小盘股,2017年以来,随着再融资政策收紧、严格监管"炒小""炒新"等政策出台,小票的壳价值、炒作价值都逐渐降低,并且随着机构资金在市场中的占比增加,市场资金逐渐远离小票,导致小票流动性变差,无人关注,股价也难有表现。因此,完全持有小盘股,可能也没有分散市值风险。

一般来说,量化投资策略通过分散股票持仓从而分散宏观、行业、风格等风险时,不仅会在股票数量上考察,更会深入考察股票所在的行业、市值、各种风格特征,从而做到更好的分散化,当某一风险来临时,对组合持仓的影响会相对更小。由此可见，做投资时，也可以考虑分散自己的投资组合，分散风险。

二、了解风险模型

在投资中，投资者特别是普通投资者往往更会关注收益，而忽略风险。然而，"天下没有免费的午餐"，高收益低风险的投资品种和投资机会往往很少出现，资产高收益的背后隐含着高风险。比如，投资初创期的企业，如果成功了，会获得非常高的收益；如果失败了，则可能会损失全部的本金。另外一个例子是高收益债券，虽然是看则高达十几个点的收益率，但是如果企业违约，就可能会损失全部本金。

因此，做投资不仅要看到收益，还要看到获取这个收益需要承担的风险，而风险模型就是为了帮助投资者更深入和全面地了解投资所面临的风险，比如宏观风险模型、基本面风险模型、统计风险模型等，都是在不同层面估计投资所面临的风险。风险可能来自宏观层面，比如经济增长、利率变化、通胀变化、信用利差变化、汇率变化等；风险也可能来自企业的基本面恶化，比如财报不及预期、行业发生变革等。好的投资是在比较清晰、全面地分析投资标的的风险后，做出符合自己情况的投资决策。

三、多因子风险模型的原理

风险模型本质上也是一个股票定价的过程，因为股票承受了风险，所以需要风险溢价来补偿。风险的定价模型也经历了不同年代的发展。最开始，美国学者威廉·夏普、约翰·林特尔等人于1964年在资产组合理论的基础上提出资本资产定价模型（CAPM），主要研究证券市场中资产的预期收益率与风险资产之间的关系以及均衡价格如何形成，是现代金融市场价格理论的支柱。该理论认为，单个证券的期望收益由两部分组成，无风险利率与所承担风险的补偿，也就是风险溢价。市场的风险溢价是市场的预期回报率减去无风险回报率，而证券的风险溢价的大小取决于证券相对于市场组合的 Beta 值，衡量的是单个证券的系统性风险，Beta 值越高，单个证券风险越高，那么所得到的补偿也越高，即预期收益率也越高。

CAPM 相对比较简单地描述了证券的预期收益和市场组合预期收益的关系，史蒂芬·罗斯于 1976 年提出了套利定价模型（APT 模型）。APT 模型认为，套利行为是现代有效市场（市场均衡价格）形成的一个决定性因素。如果市场未达到均衡状态，就会存在无风险套利机会。APT 模型用多个因素来解释风险资产收益，根据无套利原则得到风险资产均衡收益与多个因素之间存在（近似的）线性关系。

APT 模型虽然在形式上很完美，但是由于没有给出具体驱动资产价格的因素，并且这些因素可能数量众多，只能凭投资者经验自行判断，且每项因素都要计算相应的 Beta 值，而 CAPM 模型只需计算一个 Beta 值，所以在对资产价格估值的实际应用中，CAPM 比 APT 的应用更广泛。

1993 年，尤金·法玛（Eugene F. Fama）和肯尼斯·弗伦奇（Kenneth French）采取了完全不同的方式来解释资产的收益。他们既没有假设理性投资者，也没有假设市场中不存在套利的机会。Fama-French 三因子模型起源于两个被大家发现的定价现象：一是小市值的股票平均收益率更高；二是低市净率（PB）的股票收益率更高。之后，尤金·法玛和肯尼斯·弗伦奇通过公司金融的数据把股票按照市值和市净率的高低分成 25 个投资组合（市净率从高到低 5 档，市值从高到低 5 档），得到了基于市场、市净率、市值的三因子模型。

四、多因子风险模型的因子

经过 Fama-French 三因子模型的启示，也就是市场因子、市值因子和市净率因子能够解释一部分资产的预期收益率，一些金融巨头开始研究能够影响股票预期收益率的因素，我们把这些因素定义为因子。

2011年，摩根士丹利资本国际公司（MSCI）发布了相对完善的Barra多因子风险模型。该模型包括国家因子、10个风格因子和30多个行业因子，相对于Fama-French三因子模型又增加了很多因子。国家因子比较好理解，如果投资标的都是一个国家的股票，那么所有股票的国家因子都是1。对于行业因子，一般来说，不同行业的股票走势差异会非常大，每个行业的业务范围、产业政策、发展方向都不尽相同，在国民经济和民生中所处的地位也不一样。因此，股票的行业分类对股票的未来收益率的影响差异很大，显著性非常强。比如，某只股票属于白酒行业，可能最近几年的表现非常好；如果是建筑、建材、纺织服装等行业，可能过去两年的表现很差。Barra多因子风险模型包括市值、Beta值、动量、残差波动率、中市值、价值、流动性、盈利、成长和杠杆共计10个风格因子，每一个风格因子都描述了股票的某一个维度和属性，而这个属性能够对股票预期收益率产生显著的影响，这个影响可以为正，也可以为负。

举个例子来说，在2017年之前，小市值因子明显对股票预期收益率有正向影响，即市值小的股票有更大的概率走势好于基准；2017年之后，小市值因子对股票预期收益率的影响方向发生了变化，即市值小的股票有更大的概率走势弱于基准。类似地，我们也经历过价值因子失效的阶段，之前具有低估值特性的股票表现好于基准，说明低估值能够对股票预期收益率产生正向影响，但是2019年下半年之后，市场更青睐估值相对高、成长性好的股票，低估值反而与股票预期收益率有负向关系。所以，我们称这些风格因子为风险因子，即这些因子确实能够对股票预期收益率产生显著影响，但影响的方向可正可负。

总结来说，Barra多因子风险模型就是集合了多个对股票预期收益率有显著相关性的因子，包括国家因子、行业因子和风格因子，通过线性回归模型来研究这些因子对股票预期收益的影响。

五、如何构建多因子风险模型

上面在介绍 Barra 多因子风险模型的时候已经提到，Barra 多因子风险模型包括国家因子、10 个风格因子和 30 多个行业因子。这些因子能够解释股票的部分收益，而不能被这些因子解释的收益称为个股特异性收益或个股的残差收益，是每只股票自身的因素导致的，无法用这些系统性的因子解释。因此，一个完整的多因子风险模型包括系统性的风险因子，如国家因子、行业因子、风格因子及个股特异性部分。

可以把因子的概念细致化一些，因子包括因子暴露度和因子收益率，怎样理解这两个概念呢？首先看因子暴露，以市值因子作为例子，每只股票都有自己的市值，各不相同，这些股票各自市值的数值就是市值因子的暴露度。为了量纲的统一，会把这个因子暴露的数值做标准化处理，使得因子暴露度主要分布在 $-3 \sim 3$。而市值因子作为风险因子，一个单位的风险暴露度对应的风险溢价或者说风险补偿就是因子收益率。假如有一天，市值因子的风险溢价是 1%，也就是说因子收益率是 1%。如果某只股票的市值因子的暴露度为 1，那么市值对股票收益率就贡献了 1% 的收益；如果另外一只股票的市值比较大，市值暴露度为 2，那么它的市值就对它的收益率贡献了 2% 的收益。因此，首先需要理解因子暴露度和因子收益率。刚才提到市值因子，有些人会认为市值因子暴露度就是股票的市值，然后标准化。那么市值因子的因子收益率是怎样得到的呢？在实际应用中，可以通过线性回归的方式估计因子的收益率。

举个例子，第一天计算好各个因子的因子暴露度；第二天知道了所有股票的收益率，把个股因子暴露度和个股的收益率做线性回归，估计出各个因子暴露度的系数,这个系数就是对应的因子收益率。而系数的显著性就是因子对股票收益率影响的显著程度,数字绝对值越大,说明这个因子对个股收益率影响越显著。通过回归模型,还可以得到无法被系统性因子解释的个股特异性收益率。每天通过回归计算因子的因子收益率和个股的特异收益率,就能够得到因子收益和个股的特异收益的时间序列,进而也能够计算因子之间因子收益率的协方差矩阵和个股特异收益率的波动率。由此可见,我们基本上是通过多因子风险模型"庖丁解牛",把股票的收益率和波动完全分解了。

在构建投资组合时,往往是在一个大的股票池中在一定约束下精选部分股票,那么在优化中需要计算整个股票池所有股票收益率的协方差矩阵。由于股票数量众多,传统协方差的估计很困难,会面临估计精度差、参数敏感等问题。通过风险模型的分解,可以把所有股票的收益率都分解为系统性的因子收益率和特异收益率,因此可以利用因子收益率的协方差矩阵和个股特异收益率得出股票的协方差,因为因子的个数相对股票个数更少,这样得到的股票协方差难度更小、精度更好。

六、风险模型的协方差矩阵和个股残差风险

在风险模型中,因子协方差矩阵和个股残差风险的估计是重点和难点。主要根据历史数据来估计因子协方差矩阵和个股残差风险,估计的前提是获得了每日的因子收益率和个股残差收益率数据、有了比较完整的历史数据。

首先看因子协方差矩阵的估计。我们有国家、行业和风格等共计40多个因子的因子日收益率,可以按照传统计算协方差矩阵的方式计算协方差。考虑到与计算日相隔较近的数据可能影响更大,可以在计算中赋予其更高的权重;与计算日相隔较远的数据可能影响较小,赋予其相对更低的权重。通过计算发现,因子收益率的时间序列存在自相关性,即今天的收益率可能会影

响明天的收益率，需要进行一些调整，降低这种由于因子收益率存在自相关性造成的估计偏差。而后在进行组合优化时发现，对部分优化组合，估计的协方差会低估或高估，因此进行特征根调整，一步一步最终形成相对比较成熟的因子协方差矩阵估计方法。在个股的残差风险估计中也会用到类似的调整方法。个股残差风险存在一些新的问题，需要采用相应的方法进行处理，比如有些个股停牌了，没有收益率数据；有些股票被ST（特别处理）了，有一些特殊性；有些新股历史数据不够长等。最后发现，个股残差风险估计的结果会高估波动率高的股票组，会低估波动率低的股票组，因此采用贝叶斯压缩估计的方法进行修正。发现问题并逐步改进后，形成了相对较好的个股残差风险的估计。在估计完成因子收益率、因子协方差矩阵、个股残差收益率和个股残差风险以后，就可以利用这些信息进行投资组合优化。

七、如何评价一个风险模型的优劣

前面主要以Barra多因子风险模型作为风险模型的例子进行剖析，投资者其实可以按照自己对市场的理解，找到能够影响股票未来收益的一些因子来构建自己的风险模型。那么，评价一个风险模型优劣的因素有哪些？

1）解释度，即模型中的因子能够解释多少股票收益率的变化。一般用R^2来表示，R^2越大，说明模型中的因子越能够解释股票收益率的变化，模型拟合股票收益率的效果越好。如果所选的因子不能解释股票未来收益率，风险模型就失去了意义。

2）各个因子的显著度。不能一味地增加因子的个数，以期获得更高的解释度，在添加任何一个因子到回归模型时，都要确保该因子在其他因子存在的情况下仍然能够对股票收益率产生影响，即该因子能够提供增量信息。另外，各因子之间不能有较为明显的相关性，如果因子存在共线性，拟合得到的参数波动就会非常大，失去正常意义。

一般来说，在风险模型中，风险因子的数量并非越多越好，在样本内拟合的 R^2 也并非越高越好，样本内的过度拟合可能会造成样本外的表现比较差。因此，在保持拟合精度的情况下，因子越少，样本外的鲁棒性（系统在不确定性扰动下，具备保持某种性能不变的能力）可能越好，即模型更不容易失效、稳定性越好。综合来看，评价一个风险模型的好坏可以从多个维度入手，比如模型的解释度、因子的稳定性和显著性、模型样本内外的表现差别等。

八、风险模型有哪些用途

前文介绍了风险模型的主要组成，包括因子暴露度、因子收益率、个股残差收益率，也通过数量化的方式在时间序列上估计了因子收益率、个股残差收益、因子协方差矩阵和个股残差风险，对个股收益率做了一个比较详细的分解。正是由于这些分解，把研究全市场 4000 多只股票的收益率的问题变成研究因子收益率和个股残差收益率的问题，大大简化了研究的维度，提高了参数估计的精度。那么，风险模型在实际投资中有哪些应用呢？这里举几个常见的应用案例。

1）组合的风险敞口控制。在介绍风险模型时提到过，这些因子既可能对股票收益率带来正向影响，也可能在某些阶段带来负向影响。那么，为了使得投资组合免于受到这类风格或行业因子的影响，可以把这个风险敞口设置为 0，即整个组合不暴露该风格，或者说风格的暴露度为 0。这样无论该风格因子的因子收益率如何，都不会影响组合的相对表现。另外，通过控制组合在风险因子上的暴露可知组合偏向于哪些风格、规避了哪些风格，让投资者对自己的投资组合有更加深刻的认识和了解。

2）组合归因分析。如果已知组合的风险暴露在哪些行业因子、哪些风格因子上，就能根据这些因子的表现知道组合的表现。反过来说，可以对投资组合做归因分析，比如某投资组合在某个阶段表现好，可能的原因是某个因子近期表现好，而该组合刚好比较多地暴露了这个因子。

3）组合优化。风险模型使得在大股票池中直接做组合优化精选股票成为可能。对组合优化的简单理解是：某投资者想在一个股票池中选出一些股票，这些股票既要有较高的预期收益，又不能暴露太多风险，比如行业上不想偏离太多，怕踏错行业，风格上可以按照自己的经验判断偏离方向和程度；如果管理的产品是指数增强基金，不想太多偏离自己的基准指数，那么就要控制组合对基准指数的跟踪误差。鉴于以上这些方方面面的约束，都需要用到风险模型，从而完成组合优化，得到符合投资者要求的精选股票组合。

第四节 组合管理和交易执行模型

一、组合管理模型的作用

组合管理模型的作用是打通策略研究和投资交易，将个股 Alpha 模型转化为投资组合模型，输出一组股票的权重数据。量化投资的 Alpha 模型虽然可以从多个维度给市场中的每只个股进行综合打分、评价每只个股的相对好坏，但无法将研究成果直接转化为投资组合。量化投资模型注重分散化，以组合而不是个股的方式进行投资，这样的组合通常包含数十只甚至数百只股票，无法用人力进行逐一挑选和决定权重。因此，量化投资者需要借助组合管理模型完成从 Alpha 模型转化为投资组合的过程。这个模型以个股 Alpha 收益为输入，从样本空间中进行选股，参考基准指数的个股权重、风格暴露、行业权重，同时考虑交易限制，控制换手率，以排序选股、组合优化等方式，最终生成一个包含目标组合中每只股票权重数据的清单。与传统的主观投资不同的是，量化投资者在投资交易时直接以组合的形式进行交易。

二、投资组合构建方法的进阶史

组合构建有多种方法，并且逐渐在进化。

1）最简单的组合构建方式是排序选股。得到个股 Alpha 收益后，在样本空间中将个股按从大到小直接排序，选择前 N 只排名靠前的股票。进行加权时，通常采用等权或者市值加权的方式，即每只股票同等对待或按照市值大小赋予权重。这种方法的优势是可以非常直接地选择 Alpha 收益高的股票，但缺点在于没有对组合的风格暴露、行业权重进行限制，容易造成与基准指数大幅偏离。

2）市值中性或行业中性分层选股。方法是首先在样本空间中按照市值或行业进行分组，在每个分组中按照 Alpha 收益进行排序，然后选择前 N 只排名靠前的股票，最后组成一个组合，在加权时首先给每个分组与基准指数分组相同的权重，然后在分组内再次进行等权或市值加权。这种方法的优势是兼顾了 Alpha 收益与基准特征，构建出的组合与基准指数偏差较小。

3）利用优化器，控制组合与基准在风险因子暴露度、行业权重等方面保持相同，在此前提下最大化组合的 Alpha 收益，可以更好地进行风险约束。

4）结合风险模型，在优化时加入对组合预估风险的考量，利用哈里·马科维茨的现代投资组合理论最大化风险调整后的 Alpha 收益。这样得到的优化组合不仅可以满足多种约束条件，还可以在预期收益与风险间取得平衡，现在大部分量化投资者都会采用这种组合构建方法。

三、如何高效地实现组合优化

组合优化的理论基础是哈里·马科维茨的现代投资组合理论，投资本质上是在不确定性的收益和风险中进行选择。投资组合理论用均值-方差来刻画这两个关键因素。均值是指投资组合的预期收益率，是单只证券的预期收益率的加权平均，权重为相应的投资比例。方差是指投资组合的收益率的方差，刻画的是投资组合的风险。投资组合理论的核心观点是理性投资者应该追求最大化风险调整后收益，即如果给定预期风险水平，就应该追求预期收益最大化；如果给定预期收益水平，就应该追求预期风险最小化。如果把组合的预期波动率作为横坐标，把预期收益率作为纵坐标，就可以画出一条曲线，叫作有效边界，表征在不同风险下的预期最大收益。在实际投资过程中，量化投资者需要利用优化器完成组合优化，优化器可以由团队研究搭建，也可以采购国际专业机构发布的优化器产品，如 Barra 模型、Axioma 模型。另外，在实际投资过程中，量化投资者需要给组合优化过程加入大量的约束条件，如组合换手率、个股权重偏离、风险调整系数、风格因子和行业因子偏离度等，使最终组合满足投资需求。

四、组合优化的输入和输出是什么

以指数增强策略为例，组合优化需要输入多个参数。

1）需要输入个股的 Alpha 收益，由 Alpha 模型得到。

2）需要输入策略的样本空间，一般指数增强策略虽然可以在全市场进行选股，但是需要限制指数成分股权重不低于非现金资产权重的 80%。

3）需要输入可交易空间，仅有样本空间是不够的，由于某些股票无法进行交易或者风险过高，需要剔除。

4）需要输入基准指数的权重，因为指数增强策略必须对标某个基准指数，必须严格控制投资组合与基准指数的偏离。

5）需要输入各类约束条件，如跟踪误差、风格因子、行业因子、换手率、基准内行业权重、个股权重偏离、总主动权重等，目的是控制组合跟踪误差。

6）需要输入风险模型中每只个股在风格因子上的暴露度、行业因子上的暴露度、残差风险以及风险因子的协方差矩阵，以便优化器估计组合的风险。

7）优化器的输出是一个清单，其中包括每只股票的权重。所有个股权重和为1，股票数量通常在几十只到几百只。

五、组合优化通常会做哪些风险控制

1）限制换手率。一般来说，换手率越高，投资组合的费前收益率越高，但如果考虑交易成本，收益率反而有可能下降。因此，需要控制换手率，避免无效交易和过度交易。

2）控制风格因子暴露度和行业权重偏离度。在风险模型中，组合的风险由风格风险、行业风险和残差风险决定。残差风险通过分散化降低，风格风险和行业风险通过控制因子暴露度降低。比如，市值因子是一个很重要的风格因子，不同市值的股票收益率相差很大，组合优化时要进行重点控制，与基准指数保持一致。再如，对行业权重一般要进行中性化约束，假设基准指数中消费行业的权重较高，组合中消费行业大幅度低配或超配，就会导致形成比较大的收益率偏差。

3）控制个股权重偏离度。个股权重偏离越小，组合越分散化，与基准指数的偏离越小，残差风险越低，可以通过控制组合的总主动权重进行控制。

4）跟踪误差。因为风险模型可以预估投资组合的风险，所以优化时也可以直接对跟踪误差进行约束。最后需要说明的是，风险控制需要适度，要在收益与风险中找到平衡。如果风险控制得太严，投资组合与基准偏离太小，则能产生的超额收益也会很低；而如果风险控制的比较松散，投资组合与基准偏离太大，投资收益不可控，既有可能大幅跑赢，也有可能大幅跑输。

六、组合优化中常见的问题

问题一:优化器在一般情况下都有解,但当约束条件太严格或者两个约束条件产生冲突时,则可能导致优化器无解。比如,要求某个因子正向偏离基准 3 暴露度,全 A 股样本空间中,所有股票的市值因子暴露度在 ±3 之间。如果在优化的样本空间中,没有因子能达到正向偏离 3 暴露度,自然就不可能构建出组合。还有一种情况,两个约束条件产生冲突,比如同时要求组合在某几个因子上达到一定暴露时,如果因子暴露要求比较极端,能达到要求的股票数量本身就比较少,而能同时达到多个要求的组合则可能不存在。

问题二:约束条件没有起到作用,这是由于优化器中的约束条件分为两种:硬约束,软约束。硬约束是指必须满足的约束,如果无法满足则导致无解;软约束是非必须满足的约束,如果不能满足不会导致无解,优化器仍然会产生输出,但此时约束无效。

问题三:Alpha 预测与风险预测的量级不匹配。由于优化器的目标函数是风险调整后收益,其中需要设定一个系数。如果这个系数过大,就会导致目标函数中预期收益太小,无法起作用,则优化目标纯粹变成最小化风险。如果这个系数过小,就会导致目标函数中预期风险太小,也无法起作用,则优化目标纯粹变成最大化收益,完全不考虑风险。

七、股票交易的执行方式和交易成本

主动订单指主动以对手方的报价进行成交,在卖一价买入,在买一价卖出。主动买卖最简单的例子就是 Market Order(市价单),市价单是以当前市场价格直接进入市场的一种订单。从交易的角度能够看出,市价单或者说主动买卖是一种非常积极的操作方法,更加理性的操作应该是在更高的价格卖出、在更低的价格买入。而市价单或者说主动买卖是用在低的价格卖出、高的价格买入来换取更早进入市场的机会。被动订单是指报价后等待对手方进行成交，在买一价买入，在卖一价卖出。主动买卖如果是市价单，那被动买卖就是 Limit Order（限价单）。当价格达到预设的位置，订单被动成交，这就是被动买卖。主动订单由于主动以对手方的价格成交，如果订单数量过大将对市场造成很大的冲击，导致市场价格发生较大变化。这种由于交易导致成交价格变化所引起的成本，叫作冲击成本。比如，需要买入 1000 万股某股票，前 500 万股主动与卖一价的 500 万股成交后，后 500 万股必须用更高的价格成交。被动订单由于需要等待对手方进行成交，成交时间不可控，因此需要付出的是机会成本。比如，虽然以买一价进行委托但没有成交，就可能会错过后续价格持续上涨。

八、算法交易如何降低交易成本

算法交易的目标主要有：交易成本最小化，如降低市场冲击成本；成本均价贴近目标价格，如市场成交均价；隐藏下单意图；其他非技术原因，如节约人力成本、提高下单效率、保障指令准确实现等。

常见的交易算法有 TWAP 和 VWAP。

TWAP 算法是通过拆分，使建仓成本与某段区间内的时间加权平均价格吻合。比如，需要在接下来的 3 个小时内购买 100 万股股票，算法会每隔 10 分钟买 1 次，3 个小时买 18 次，每次交易的数量是 1 000 000/18。TWAP 算法的优点是操作比较简单，比较适用于流动性比较好的个股或者规模比较小的交易；局限性是市场成交量是波动变化的，均匀分配固定的数量不够合理，盘中冲击比较大。

VWAP 算法的核心是最小化与市场实时成交量加权价格之间的差异，使得真实交易的执行价格最大限度地接近市场，从而降低冲击成本。VWAP 算法一般不直接对交易的冲击成本建模，而是注重日内交易量分布的预测，然后合理准确地对大额订单进行拆分和执行。比如，需要在某交易时间内执行大额交易，VWAP算法首先会将这个交易时段划分成 N 个等长间隔，其次通过历史数据确定每个时间间隔内的成交量分布，然后按照成交量决定委托量。假设每笔委托都能达到成交效果，成交均价就可以最大限度地接近市场均价。

第六章

投资新视野——REITs

第一节　REITs 的股性和债性

REITs，即不动产投资信托基金。在世界范围内，REITs 已经有 60 多年的历史了，目前已经有 40 多个国家和地区出台了 REITs 制度，REITs 总市值超过 2 万亿美元。在我国，REITs 还是一个新生事物，正式起航是 2020 年的 4 月 30 日，中国证券监督管理委员会与国家发展和改革委员会共同发布了《关于推进基础设施领域不动产投资信托基金（REITs）试点相关工作的通知》。经过 2 年时间的探索，目前中国版 REITs 已经面市，首批 9 只产品基础资产质量良好，上市后总体表现稳健。

投资人应如何看待中国版 REITs 这类资产呢？从底层资产的角度来看，REITs 的收益来源及其波动取决于其底层资产性质及质量。

由于 REITs 间接持有基础设施项目公司 100% 股权或经营权利，是项目公司的唯一股东，所以使得基础设施项目未来的全部经营风险本质上由 REITs 及其投资者所承担。REITs 的二级市场表现受宏观经济、产业政策、项目公司经营情况等因素的影响，原始权益人并无义务保证投资人的收益，体现了 REITs 的权益属性。

REITs 是一类既有股性又有债性的资产，强制分红以及分红的稳定性决定了其债性。目前，我国基础设施 REITs 产品要求将不低于 90% 的投资收益进行强制分红，而其底层资产一般为具有成熟的经营模式的基础资产，所以可保证较为稳定的收益来源。比如，市政供水行业基金的分红来源是自来水公司每年为城镇居民、企业提供供水服务而收取的水费。该行业具有较强的抗周期性，现金流持续、稳定、集中度低，也因此被称为"现金奶牛"，保证了后续分红的稳定性。

相较于股性更强的资产，债性更强的资产分红率虽然相对较高且更为稳定，但同时二级市场的价格波动幅度更小，所以更类似于固定收益类产品。而产业园、物流园等股性更强的资产，资产的升值空间相对更大，虽然对应的分红率比债性资产更低，但二级市场 REITs 份额的价格上涨空间更大。

那么，应该如何判断一只 REITs 是股性更强还是债性更强呢？一般而言，特许经营权类的项目，由于特许经营权到期时应将资产无偿转移给政府部门，投资者所拥有的全部收益仅来源于基金持有期间的现金流收益，无法享受资产本身增值带来的收益，因而这类资产的债性更强，典型的如高速公路、污水处理厂等；产权类的项目，顾名思义，REITs 持有这类资产的完整所有权，除享有资产运营带来的经营收益，投资者还享有资产增值带来的收益，典型的如产业园、物流园等。

从国外成熟市场的经验来看，REITs 分红率稳定，其资产收益波动率在长区间内小于股票，长区间的单位收益风险比具有相对优势。相关统计显示，2000—2020 年，美国权益型 REITs 产品的总回报率为 7.8 倍左右，对应年化收益率在 10% 以上，同期标普 500 指数的年化收益率为 6.6%。

我国首批 9 只公募 REITs 已于 2021 年 6 月正式上市交易。从首批 REITs 的交易情况来看，市场并未如新股上市那样出现"爆炒"，上市首日涨幅区间在 0.68%～14.72%，后续市场价格波动更加有限，整体表现出 REITs 产品低波动的稳健收益特征。自 2021 年 6 月 21 日上市日起至 2021 年 9 月 24 日，上市 97 天，以收盘价计算，区间收益率在 0~33%，其中有 4 只产品区间收益率在 10% 以上。这一方面与市场容量及投资者结构有关，首批 REITs 的战略配售份额比例在 50%~80%，留给网下投资者及公众投资者的份额相对有限；投资者以机构投资者为主，多为长期持有型策略，使得市场不具备炒作氛围。另一方面，也由 REITs 底层资产的特性所决定，特别是特许经营权类的资产，其收益来源主要是基金分红，当资产的基本面未发生实质性重大变化时，一般不会发生大幅的价值波动，因而总体市场表现契合 REITs 产品的特征。

第二节　REITs 投资三部曲

了解了 REITs 的风险收益特征，并认为自己的风险收益特征与之匹配后，如何挑选一只 REITs 以及如何来评价一只 REITs 呢？

一、分析 REITs 的底层资产

要回答以上问题，核心是要分析这只 REITs 的底层资产。我们要了解 REITs 实际投向的底层资产是什么，是偏股性还是偏债性，这类资产的收益来源是什么，当前的定价是否合理，以及未来的增值空间如何等。

根据国家发展改革委发布的《国家发展改革委关于进一步做好基础设施领域不动产投资信托基金（REITs）试点工作的通知》（发改投资〔2021〕958 号），目前国内 REITs 对应的基础资产主要还是在基础设施领域，常见的包括交通基础设施，比如高速公路；能源基础设施，比如新能源发电设施；

市政基础设施,比如供水、供电、供气、供热设施等;生态环保基础设施,比如固废危废处理设施;仓储物流基础设施,比如物流园区;园区基础设施,比如各类产业园;数据中心、5G等新型基础设施;保障性租赁住房、5A级景区等。未来,随着试点范围的进一步拓宽,将会有更多的资产被纳入。

以高速公路为例。如果REITs的底层资产是一条高速公路,那么它的主要收入来源就是政府部门授予的在未来20~30年内特许经营高速公路而产生的通行费收入。在基金的招募说明书中,基金管理人会按照中国证券监督管理委员会的要求披露这条高速公路经具备专业资质的评估机构所出具的评估报告,这个评估价值就可以作为评估资产价值的一个"锚"。

我们应仔细研读这个评估报告,判断这个"锚"是否合理,以及在这个"锚"相对合理的情况下当前的交易价格与之相比是偏高还是偏低、是否合理。比如,针对高速公路资产的价值评估一般采用收益法,也就是将高速公路在未来特许经营期内每年的净现金流按照一定的报酬率进行折现加总后计算现值。这其中有三个核心变量:每年的现金流预测、折现率、折现期间。折现期间一般参照剩余的特许经营年限,一般不存在分歧,相对确定;现金流预测和折现率则更多地依赖评估师的经验和专业判断。

首先,核心现金流受车流量预测、大修支出预测、运营成本预测的影响,除了需要了解这条高速公路历史的车流量增长以及收入增长情况,还需要研究其未来的现金流预测是趋于激进还是更为保守,比如是否考虑了其他通行方式或道路分流对车流量的影响,是否考虑了当地经济发展水平及人口流入流出对车流量的影响,是否考虑了每8~10年的大修支出,以及其他付现成本的基本假设逻辑是否合理等。

其次,折现率的高低对资产价值的估值影响也很大。折现率的高低反映投资者对投资于该项资产的潜在风险回报要求。一般而言,综合风险越高的资产,对应的折现率越高。比如,其他条件相同的情况下,经济发达地区的省会城市作为道路两端的高速公路对应的折现率，往往会低于经济欠发达地区的两个非省会城市之间的高速公路资产对应的折现率。投资者在评估折现率是否合理时，可参照经济发展水平相类似的区域、同类资产的折现率水平，或者根据具体资产在区域、资产质量、运营管理主体等方面的差异进行横向对比并加以调整。

也可以观察一下产业园类项目的例子。首批基础设施公募 REITs 项目中有三个产业园项目，分别是招商蛇口、华安张江、东吴苏园，折现率分别为 6%、6%、6.5%。从区域上来看，招商蛇口、华安张江的产业园由于位于深圳、上海这样的一线城市核心区域，具备较高的资源稀缺性和升值空间，因而折现率相对东吴苏园更低。也可以说，投资者对东吴苏园相对于招商蛇口、华安张江提出了更高的风险补偿要求。

从市场风险的角度来看，其二级市场价格也将像股票一样受货币政策、市场风险偏好等因素影响，如市场无风险利率下降也会带动 REITs 价格上升；如市场风险偏好下行，也会使得部分股票市场资金向 REITs 市场转移，或 REITs 市场资金向更低风险的投资品种转移。

二、了解 REITs 的收益增长空间

通过研读基金招募说明书和基础资产的评估报告，了解了 REITs 的底层资产是什么、资产性质是偏股还是偏债、收益来源是什么，评估了价值的影响因素以及定价的合理性，在此基础上还需要进一步了解这只 REITs 未来的收益增长空间在哪里、有多大。

权益型 REITs 分红率虽然一般会低于特许经营权类 REITs，但具有更高的升值空间。那么，除了考虑资产性质，REITs 未来扩募空间、基金管理人及运营管理机构的运营管理能力也会影响其价值。比如，如果原始权益人具有较多运营成熟、收益稳定的资产可供 REITs 未来进行扩募，那么 REITs 未

来通过收购资产持续运营并发挥规模优势的概率就会大大增加，从而带来 REITs 资产价值的提升；如果基金管理人以及运营管理机构的资产运营能力较强，则可以通过收购、处置等外延式管理提升资产的周转效率以及管理规模。

投资 REITs 时应关注哪些事项呢？

1）了解 REITs 的风险收益特征、流动性等，并与自身投资需求相匹配。

2）挑选一只或几只与自身风险收益特征相适配的 REITs。

3）根据实际情况，选择合适的交易/持有策略。

三、关注二级市场变化

REITs 作为一类封闭式公募证券投资基金，由于其仅可在二级市场进行交易，不可在场外进行申赎，因而投资者在投资 REITs 时，既需要关注基金产品本身的特点，也需要关注底层资产的投资风险，还需要关注二级市场流动性、风险偏好变化等带来的投资风险。

1）流动性。从基金产品特征的角度来看，REITs 属于封闭式基金，与传统的开放式基金有较大差别，基金期限一般在 20 年以上，不可进行份额的申赎，除基金到期清盘，投资者仅可通过场内账户进行交易卖出。因此，二级市场的流动性将直接影响投资人最终的投资收益。特别是在市场流动性不佳时，如投资者在急于变现的情况下很可能会遇到二级市场折价，损害最终的投资收益。实操中，为保证二级市场的流动性，基金管理人将至少聘请一家做市商⊖提供做市服务，以满足投资者的交易需要。

2）集中度。区别于股票型基金、债券型基金等分散投资的投资策略，

⊖ 做市商是指在证券市场上，由具备一定实力和信誉的独立证券经营法人作为特许交易商，不断向公众投资者报出某些特定证券的买卖价格（即双向报价），并在该价位上接受公众投资者的买卖要求，以其自有资金和证券与投资者进行证券交易。

REITs 要求将 80% 以上的基金资产投资于基础设施项目，特别是在基金首次扩募前，将 80% 甚至接近 100% 的可用资金均投资于单一基础设施项目，所以产品的集中投资风险是比较大的，投资收益将较大程度上依赖于单一基础设施项目运营的效益。

3）估值频率。不同于开放式基金每日估值，由于 REITs 的底层资产为基础设施资产，一般不具备公开市场公允价值，基金管理人将至少每半年聘请资产评估机构对资产价值重新进行评估，所以资产价值的变化无法及时通过基金净值反映，投资者需要密切关注基金管理人发布的各类公告，以了解资产的重大变化，以便及时对资产价值进行评估及判断。

建议投资者理性投资 REITs，以长期持有获得稳健收益为核心目标，不宜频繁交易或过多寄希望于短线交易带来的风险回报。当市场出现流动性折价或者市场价格相对资产实际价值存在明显低估现象时，在满足自身流动性需求的情况下，可适当增加配置。随着基础设施资产范围的逐渐扩容、相关监管政策的日趋完善，以及市场参与机构的愈发成熟，将会有更多优质的 REITs 展现在投资者面前，也会有更多机构投资者将 REITs 作为重要的配置工具。而随着我国居民财富管理需求以及意识的提升，REITs 作为一款风险收益适中的投资标的，未来也将成为家庭资产配置的重要组成部分。